LUBA MAIER

MEIN ORANGENSOHN

Bewegende Geschichten

aus Afrika

Über die Autorin

Luba Maier, geboren 1957 in der westukrainischen Stadt Lwiw (im deutschsprachigen Raum als Lemberg bekannt), besuchte dort eine deutsche Schule und studierte klassische Philologie. Ab 1979 war sie in der weißrussischen Stadt Grodno als Dozentin für Latein an der Universität tätig. Seit 1993 lebt sie in Deutschland und arbeitet als freiberufliche Übersetzerin und Lehrerin für Deutsch als Fremdsprache. Sie ist Mitgründerin und Vorstandsmitglied des Vereins Integramus e. V. und seit 2004 ehrenamtliche Entwicklungshelferin und „Mama" für viele Kinder in Kenia.

Luba Maier

MEIN ORANGENSOHN

Bewegende Geschichten aus Afrika

Maier, Luba

Mein Orangensohn

Bewegende Geschichten aus Afrika

Herausgeber:

Integramus e. V. – Verein für Integration und Förderung der Entwicklungszusammenarbeit

Bertholdweg 12, 72768 Reutlingen

www.integramus.de

Fotos: Luba Maier, Hans-Günter Krell, Torsten Glässner

Umschlagfotos: Hans-Günter Krell

Lektorat: Torsten Glässner

1. Auflage 2020

Druck:

LINUS WITTICH Medien KG

Industriestraße 9-11

36358 Herbstein

www.wittich.de

ISBN:

978-3-86595-722-1

Inhalt

Vorwort

Ich habe viele Namen in Kenia: Mama Afrika, Mama Kenia, Mama Biga, Kisuaheli-Mama, „Mwalimu" (Suaheli: Lehrerin) Luba, Wasser-Mama. Aber in „meinem" Dorf Biga im Süden Kenias nennt mich jeder einfach nur Mama Luba. Kaum erblickt mich im Dorf einer meiner Schützlinge, die den Integramus-Kindergarten besucht haben oder zurzeit besuchen, hallt es durch den Busch: „Mama Luba ist da!" und aus allen Ecken laufen mir die Kinder entgegen. Jedes will meine Hand berühren und jedes will von mir gestreichelt und umarmt werden. Wie gerne würde ich mich für diese kleinen Geschöpfe klonen lassen. Es sind so viele, dass meine zwei Hände nicht ausreichen.

Ich wurde oft gefragt, wie eine gebürtige Ukrainerin nach Afrika kommt und wie man zur Mama für so viele Kinder wird.

Das Wort Afrika hörte ich zum ersten Mal im Kindergarten. Es kam in einem Märchen vor, in dem es um einen lieben und hilfsbereiten Doktor namens Ajbolit ging, der viele Kinder und Tiere aus gefährlichen Situationen rettete. Das Märchen begann allerdings mit einer dringlichen Warnung an alle Kinder: sie sollten auf keinen Fall nach Afrika gehen, weil es dort viele Haie, Gorillas und riesige Krokodile gebe. Diese gefährlichen und bösen Tiere würden Kinder beißen, schlagen und fressen. Es gebe dort auch noch einen Räuber, den heimtückischen und gierigen Bösewicht namens Barmalej, der durch Afrika laufe und kleine Kinder fresse. Trotz eines lustigen Happy Ends in diesem Märchen blieb bei mir, dem 5-jährigen Kind, ein Gedanke: Afrika bedeutet Gefahr!

Das Bild von Afrika wurde dann weiter geprägt im schulischen Geographie- und Geschichtsunterricht der damaligen Sowjetunion zu Zeiten der Hochphase der sozialistischen Idee von Brüderlichkeit und Gleichheit. Alle Afrikaner taten mir leid. Viele Jahrhunderte wurden diese Menschen versklavt, verkauft, verraten, ausgebeutet. Kolonialismus, Dürre, Wüste, Hunger, Armut, Krankheiten. Die Berichterstattung der Medien ergänzte im Erwachsenenalter schließlich meine Vorstellung von Afrika: Aids, Malaria, Kinder mit geschwollenen Bäuchen und grausame Kriege.

Als ich den ersten Reiseprospekt über Afrika in den Händen hielt, bekam ich ganz andere Eindrücke. Weiße Palmenstrände, tolle Hotels, Safariparks, das türkisfarbene Meer mit einer einzigartigen Unterwasserwelt, zahlreiche Wildtiere, eine eindrucksvolle Pflanzenvielfalt, geheimnisvolle Wüsten und weite Savannen – das alles gehört zu dieser traumhaften und einzigartigen Seite des afrikanischen Kontinents.

Die vielen durch Hunger, Krankheiten und Wassermangel sterbenden Menschen sind die andere Seite Afrikas, seine traurige und bittere Realität.

Um diese gewaltigen Gegensätze zu verstehen reichen Reiseprospekte und Medienberichte nicht aus. Diesen Kontinent und seine Bewohner muss man kennenlernen und sich seine eigene Meinung bilden.

Meine erste Reise nach Kenia im Jahr 2004 gab meinem Leben einen neuen Sinn. Die Vorurteile und Ängste waren schon in den ersten Minuten auf kenianischem Boden verschwunden. Diese Reise machte mich zur Mama von hunderten Kindern und ermutigte mich zu mehreren Brunnenbauten. In Kenia sammelte ich in den nachfolgenden Jahren viele wertvolle Erfahrungen, erlebte fast unglaubliche Geschichten, lernte Hunderte von kenianischen Kindern und Erwachsenen kennen, viele Touristen und „weiße Einheimische": ehrliche und nicht ehrliche, Idealisten, die ihren Urlaub in Kenia dazu nutzten, um die Not im Land zu lindern, aber auch Menschen, die mein Vertrauen missbrauchten.

Ich möchte Ihnen, liebe Leserinnen und Leser, mit diesen wahren Geschichten viele Botschaften aus Afrika senden. Lesen Sie in diesem Buch über meine Erlebnisse in Kenia, über wunderbare Menschen, denen ich dort begegnet bin, und wie der Bau eines Brunnens ihr Leben veränderte, über die Schicksale „meiner" afrikanischen Kinder, über meine persönlichen Höhen und Tiefen, Abenteuer und Schicksalsschläge und vieles mehr.

Ihre Luba Maier

Das neue Kapitel meines Lebens

Kenia, Diani Beach, Dezember 2004 – März 2005

Auf der Suche nach einem Internetcafé lief ich die Straße entlang und betrachtete die brüchigen Hütten der Einheimischen. In jeder zweiten verkaufte man typische afrikanische Souvenirs und jeder der Verkäufer versuchte alle vorbeigehenden Touristen auf seine Ware aufmerksam zu machen. Einige waren ziemlich aufdringlich, aber wenn sie hörten „leo hapana, labda kesho" (Suaheli: heute nicht, vielleicht morgen), ließen sie mich in Ruhe.

Plötzlich hörte ich aus einer Hütte viele Kinderstimmen: schreiend, weinend, lachend, sprechend, alles durcheinander. So neugierig wie ich bin, änderte ich die Richtung und näherte mich einem neuen Kapitel meines Lebens.

Nachdem ich mich durch ca. 25 auf dem Boden sitzende oder liegende Kinderkörper im Alter zwischen einem und sechs Jahren zu der einzigen Betreuerin gedrängt hatte, wurde es etwas stiller und ruhiger. Alle betrachteten mich sehr zurückhaltend und ängstlich. Die einigen Brocken des in Deutschland gelernten Suahelis waren in diesem Moment sehr hilfreich und bauten gleich die ersten Ängste ab. Auf meine Frage, warum viele Kinder auf dem Boden liegen und weinen würden, antwortete die Frau, dass die meisten seit einigen Tagen nichts gegessen hätten. Oder sie hätten Malaria. Oder Beides.

In diesem inoffiziellen Kinderhort für Waisen und Halbwaisen fehlte es an allem. Die öfter kranken und unterernährten Kinder mit Geschwüren an den Füssen und Tränen in den Augen waren über jegliche Zuwendung glücklich. Eine liebe und bewundernswerte Frau namens Helen versuchte von Montag bis Freitag den Kindern zumindest Zuneigung und Wärme zu geben. Mehr konnte sie nicht. Da die Kinder absolut kein Spielzeug besaßen und um sie vom Hungergefühl abzulenken, lernten Helen und die Kleinen an der provisorischen Tafel schreiben und lesen. Suaheli und Englisch. Um Zahlen zu lernen sammelten alle auf der Straße Flaschendeckel aller Art, die auch als Tauschspielzeug verwendbar waren.

Schockiert und sehr bedrückt kam ich in unserem kenianischen Quartier an und berichtete meinem Mann Gerhard über das Erlebte. Seine erste Reaktion nach unserem gemeinsamen Besuch im Kindergarten war wie meine: wir müssen hier helfen, wir können doch nicht zusehen, wie in unserer Nähe Kinder sterben.

Spontan wurde zunächst eine tägliche Mahlzeit bestehend aus Reis, Bohnen und sauberem Trinkwasser organisiert, einige Tage später folgten Medikamente, Schuhe, Hefte, Stifte u. A.

Das Kochen für 25 Kinder war sehr schwierig: zuerst musste Helens Tochter Margret, die sich bereit erklärt hatte diese Aufgabe zu übernehmen, Holz fürs Feuer sammeln, was manchmal 2–3 Stunden in Anspruch nahm. Danach musste sie von einem Brunnen, der 2 km von ihrem Haus entfernt war, einen 20 Liter Kanister Wasser holen und wenn das Essen fertig war, brachte sie es weitere 2,5 km zum Kindergarten.

An einem Montag verspürte ich eine angespannte Atmosphäre: die Kinder drängten sich am Eingang der Hütte, sprangen immer wieder auf die Straße und schauten immer nur in die linke Richtung. Sie waren ziemlich aggressiv, unkonzentriert beim Lernen und unruhig. Ich fragte Helen, was mit den Kindern los sei, und erfuhr, dass viele Kinder Zuhause am Wochenende nichts zu essen bekämen und Margret den Eimer mit Reis und Bohnen immer aus der Richtung bringe, in die die Kinder erwartungsvoll schauten.

Und dann kam das Essen. „Chakula, chakula" (Suaheli: Essen, Essen), schrien die Kinder, stürzten sich auf Margret, umringten sie so, dass sie sich nicht mehr bewegen konnte, und es bestand die Gefahr, dass der Eimer umkippte. Wir, drei Erwachsene, versuchten die Kinder in den Griff zu bekommen und verteilten so schnell wie es in diesem Chaos ging die noch heiße Speise.

Nachdem der erste Hunger gestillt war, beruhigten sich die Kinder, kneteten dann aus Reis Kügelchen und verschiedene Figuren, bevor sie diesen in den Mund steckten, und die Augen fingen an zu strahlen.

Diese Bilder, diese Augen bleiben für immer in meinem Gedächtnis. Und dieses Gefühl, wie man mit so wenig so viel geben kann, würde ich gerne jedem in Deutschland schenken. So begann eine neue Lebensaufgabe für mich, meine Familie und den Verein Integramus.

KINONDO
CHURCH
UKUNDA
SHULE &
SCHOOL

DRAWING
BOOK

Safari

Das Wort Safari bringen die meisten Europäer in erster Linie mit dem Abenteuer in den Nationalparks Afrikas in Verbindung. Übersetzt aus dem Suaheli bedeutet Safari: Reise.

Was fällt Ihnen zu Safari ein? Wahrscheinlich denken Sie jetzt an die traumhaften afrikanischen Landschaften mit unzähligen Elefanten-, Giraffen- und Büffelherden oder an die magischen Geräusche der afrikanischen Nächte und an den unendlichen Sternenhimmel. Oder denken Sie an die Geheimnisse des Indischen Ozeans mit dem seidenweichen Wasser und den Überraschungen der Wasserwelt während der Gezeiten. Vielleicht stellen Sie sich jetzt die kilometerlangen Strände mit dem weißen Sand und graziösen Kokosnusspalmen vor. Auch wenn Sie noch nie in Afrika waren, haben Sie ganz sicher solche Bilder im Fernsehen und in Reiseprospekten gesehen. Diese Schönheit Afrikas kann man wunderbar beschreiben, aber viel schöner und eindrucksvoller ist es, diese Gefühle und Eindrücke persönlich zu erleben.

Neben dieser bezaubernden Traumwelt, die auch die Luxushotels zu nutzen wissen, gibt es noch ein ganz anderes Afrika, in dem ich einem dreijährigen goldigen Jungen mit dem Namen Safari begegnete.

Als eines der jüngsten Kinder im Kindergarten zog er mit seiner aufgeweckten und putzmunteren Art automatisch die Aufmerksamkeit auf sich. Sein Lächeln steckte jeden Ankömmling an. Mir ging es bei unserer ersten Begegnung nicht anders. Diesen kleinen Sprössling musste man einfach mögen.

Nachdem ich erfuhr, dass er wie die meisten Kinder in unserem Kindergarten keine richtige Familie hatte: Vater unbekannt, Mutter alkoholkrank, nahm ich ihn öfter auf die Arme und streichelte sein kurzes krauses Haar. In diesen Momenten drückte er sich mit seiner ganzen Kraft an mich. Mir fiel es immer schwer, mich von ihm loszulösen. Während die 5- und 6-Jährigen fleißig am Unterricht teilnahmen und die englischen und deutschen Zahlen wiederholten, bewegte er sich unruhig hin und her, sprang manchmal zu unserer provisorischen Tafel, zupfte mit seinen kleinen Fingern an meinen Kleidern oder klammerte sich an meinen Beinen fest.

Wenn sein Freund Malipo für ihn eine Konkurrenz darstellte und mein anderes Bein oder den anderen Arm in Anspruch nehmen wollte, verteidigte Safari seine alleinigen Ansprüche auf nicht sehr friedliche Art.

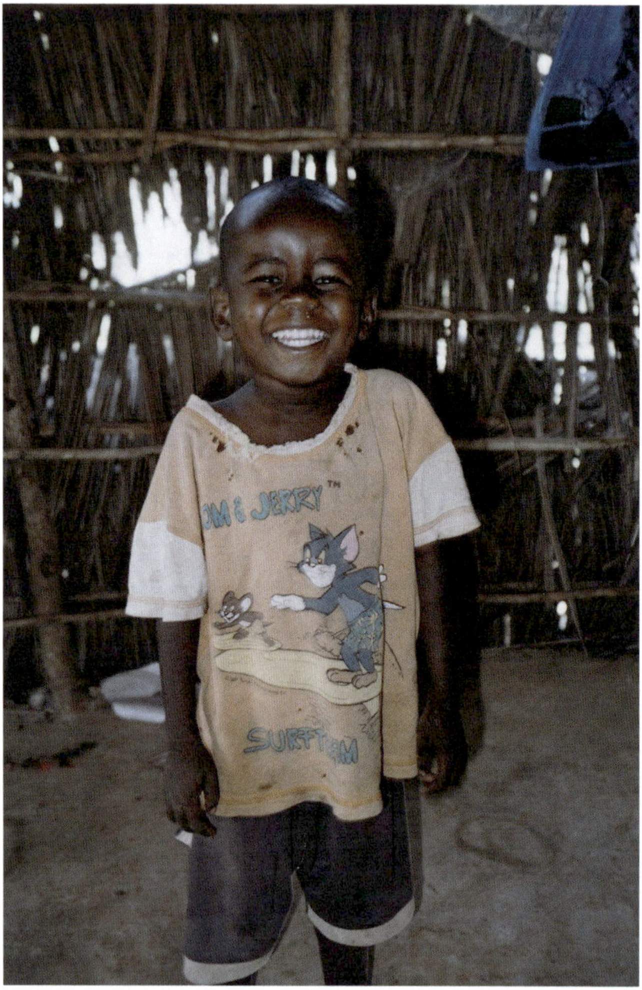

Leider konnte ich mit meinem dürftigen Suaheli diese Konfliktsituationen nicht mit Worten lösen und musste alle meine nicht vorhandenen schauspielerischen

Fähigkeiten einsetzen: meistens mit Erfolg und ohne dass Tränen flossen. Bei so vielen Waisenkindern musste ich nun aufpassen, dass ich meine Zuneigung gerecht auf alle Kinder verteilte.

Als bei einem meiner Besuche Safari mir beim Wiederholen der Zahlen alle gelernten deutschen Zahlen ins Ohr flüsterte, dachte ich, dass ich halluziniere. Er passte doch im Unterricht nie auf und war immer mit irgendwelchen Spielereien beschäftigt, aber keinesfalls mit dem Lernen. Aber dieses kleine kluge Köpfchen nahm alles auf ohne sich anzustrengen.

Eines Tages kam ich kurz im Kindergarten vorbei, nur um den Kindern einige Leckereien zu bringen. Mein Mann und unser kenianischer Bekannte namens Ali warteten auf mich im Auto. Ich verteilte Traubenzucker und Bonbons. Jedes Kind bekam von jedem eins. Wie fast immer bei solchen Aktionen streckten alle Kinder gleichzeitig ihre Hände aus, schubsten sich gegenseitig, als ob sie Angst hätten, dass es nicht für alle reicht. Zwei Bonbons fielen mir aus der Tüte auf den Boden. Ich bemerkte, wie Safari sie schnell aufhob, in seine Tasche steckte und aus der Hütte rannte.

Nach ein paar Minuten kam er zurück. Ich wusste in dem Moment nicht, ob ich etwas sagen soll oder nicht, daher tat ich so, als ob ich nichts gesehen hätte, bin jedoch dabei schon ein bisschen nachdenklich geworden. Als alle Kinder mit dem Auspacken beschäftigt waren, verabschiedete ich mich, weil wir noch einen Termin in einer Schule hatten. Im Auto berichtete mir mein Mann Folgendes: Safari lief aus der Hütte zum Auto, begrüßte freudestrahlend die Männer und reichte jedem einen Bonbon.

Als wir 9 Monate später (2005) wieder nach Kenia kamen, verbreitete das Buschtelefon die Nachricht, dass wir da sind. Ich war sehr gespannt, ob sich die Kinder an mich erinnern würden.

Als ich mich der Hütte näherte, kam mir ein Geschrei entgegen. „Mama Luba! Mama Luba!" Die Kinder und Helen warteten schon auf mich und begrüßten mich mit einem Willkommenslied.

Safari hatte mich auch nicht vergessen und hängte sich gleich an mich, drückte mich aber nur mit einem Arm. Ich merkte sofort, dass er viel dünner und ausgehungerter geworden war und sein Blick desinteressiert und bedrückt war.

Dann erzählte mir Helen folgende Geschichte. Vor einem Monat hatte seine Mutter den Jungen so geschlagen, dass sie ihm den Arm gebrochen hatte. Sie war betrunken und wütend auf ihn, weil der Kleine drei Tage lang jammerte. **Und das Kind wollte nur etwas zu essen haben.** Die Nachbarn hörten das Kind schreien zogen den Jungen von der außer Kontrolle geratenen Frau weg und brachten ihn zu einem Buschdoktor. Wie wir erfuhren, bekam er nur im Kindergarten etwas zu essen und wenn 2 Wochen Ferien waren, fütterten ihn mal Nachbarn, mal Fremde, mal niemand. Zu Hause bekam das Kind nichts.

Bei unserem Aufenthalt im Dezember 2006 – Februar 2007 war Safari nicht mehr da. Mir wurde berichtet, dass seine Mutter auf Grund ihrer Alkoholsucht den Verstand verlor und irgendwelche Verwandten aus dem Landesinneren den Jungen zu sich genommen hatten.

Ich hoffe, es geht dir gut, mein Sonnenschein.

Malipo

Zum Teil aus Wissensdurst, zum Teil zur Kontrolle ging ich fast täglich, mal allein, mal mit meinem Mann in den Kindergarten. Ich half beim Verteilen des Essens, wir sangen miteinander und lernten einige deutsche Wörter und Zahlen. Als die Kinder und Helen mich das erste Mal mit „Guten Morgen, Mama Luba" begrüßten, war ich den Tränen nah.

Die Unterhaltung mit Helen und den Kindern funktionierte am Anfang sehr mühsam (ein Wort Suaheli, ein Wort Englisch, ein Wort Deutsch, dann kamen die Wörterbücher und wenn das alles nicht reichte, gab es noch Hände und Füße). Mit jedem Tag verstanden wir uns immer besser und lernten die Sprachen voneinander.

Wenn man den unbedingten Wunsch hat, einen Menschen zu verstehen, gibt es keine Sprachbarrieren.

Während einer meiner ersten Besuche im Kindergarten, beobachtete ich ein hübsches ca. 6-jähriges Mädchen. Sie hieß Maria und trug auf ihren Armen einen fast immer weinenden, ca. 3-jährigen Jungen. Sie schaute immer wieder zu mir, dann zu dem Jungen und wiederholte öfter das Wort „Malipo".

In meinem kleinen Wörterbuch fand ich das Wort, was auf Suaheli „Bezahlung" bedeutet, konnte jedoch nicht verstehen, was Maria mir sagen wollte. Vielleicht gabt es noch eine Bedeutung und ich fragte die Kindergärtnerin Helen, ob sie wüsste, worum es Maria gehe. Helen erklärte mir, dass es der Name dieses 3-jährigen Jungen sei. Er werde immer von Maria getragen, da er selbst nicht gehen könne. Seine Füße seien sehr krank. Wenn das Essen kam, stürzte sich aber auch das Mädchen auf die Köchin und der arme Junge weinte ganz alleine in der Ecke und wartete, bis er als Letzter eine Schüssel Reis bekam.

Als ich dieses Bild das erste Mal bewusst erlebte, wollte ich wissen, was mit dem Kleinen los sei und schaute seine Fußsohlen genauer an: sie waren wund und sehr schmutzig. Zum Teil sah ich verkrustete Wunden, zum Teil waren es offene vereiterte und geschwollene Hautrisse, die dem Jungen bei jeder Berührung starke Schmerzen bereiteten. Kein Wunder, dass er keinen Schritt machen konnte.

Meine Gedanken waren auf der Suche nach einer Lösung: in unserer Reiseapotheke waren eine Wundsalbe, Pflaster, Desinfektionsmittel etc. Aber als Erstes müssten die Wunden gereinigt werden. Ich rannte in unser 1 km entferntes Haus, füllte einen 5 Liter Kanister mit Wasser, nahm alles aus der Reiseapotheke mit und ging wieder in den Kindergarten.

Als Malipo verängstigt und mit Tränen in den Augen seine Füße ausstreckte, wusch Helen sie zuerst mit Wasser. Dann bearbeitete ich sehr vorsichtig die Wunden mit Desinfektionsmittel und trug Wundsalbe auf. Ich befürchtete, dass das brennende Gefühl der Behandlung das Kind zum Schreien bringt, aber das war wahrscheinlich nichts im Vergleich zu seinem täglichen Leiden. Der Gesichtsausdruck des Jungen wurde immer vertrauter und ruhiger. Es tat ihm gut.

Die anderen Kinder waren in dieser Zeit ausnahmslos sehr still und beobachteten neugierig das ganze Geschehen teilweise, an meinen Schultern hängend, was meine Bemühungen eine ärztliche Behandlung zu improvisieren, sehr erschwerte.

Die Pflaster wollten aber auf der nassen Haut nicht halten und weiteres Verbandsmaterial hatte ich nicht dabei, nur Papiertücher. Dabei wurde mir plötzlich bewusst, dass die ganze Behandlung keinen großen Wert hatte, da das Kind keine Schuhe besaß. Beim ersten versuchten Schritt wären die Wunden wieder voll mit Erde und Schmutz gewesen.

Die nächste Apotheke lag in der 12 km entfernten Stadt Ukunda, in der wir nach passenden Schuhen mit weichen Sohlen schauen konnten.

Nach einer einstündigen abenteuerlichen Fahrt mit einem Matatu (einem Sammeltaxi, geeignet für 15 Passagiere, meistens gefüllt mit 25 oder mehr) und der lebhaften Unterhaltung mit dem Fahrer, kamen wir irgendwo in Ukunda an. Ziemlich schnell fanden mein Mann und ich eine Apotheke und kauften für Malipo, aber auch für die anderen Kinder lebenswichtige Medikamente und Verbandsmaterial. Viel schwieriger war es ein Paar gute Kinderschuhe zu bekommen, aber unsere lange Suche hatet sich auch hier gelohnt.

Am nächsten Tag, das war ein Freitag, ging ich in den Kindergarten und behandelte zuerst unseren Schützling. Es ging ihm schon besser und nachdem ich die letzten Wunden verbunden hatte, zog ich ihm die Schuhe an. Malipo strahlte und versuchte in den ersten Schuhen seines Lebens die ersten Schritte zu machen. Er wackelte, setzte sich dann wieder hin, stand erneut auf. Wie ein 1-jähriges Kind, das gehen lernt.

Dann geschah etwas Unvorhergesehenes. Alle Kinder setzten sich auf den Boden und streckten ihre Füße aus. Jeder versuchte lauter zu reden als der andere. Sie gestikulierten und zeigten mir deutlich, dass sie von mir auch behandelt werden wollten und dass sie auch keine Schuhe hatten.

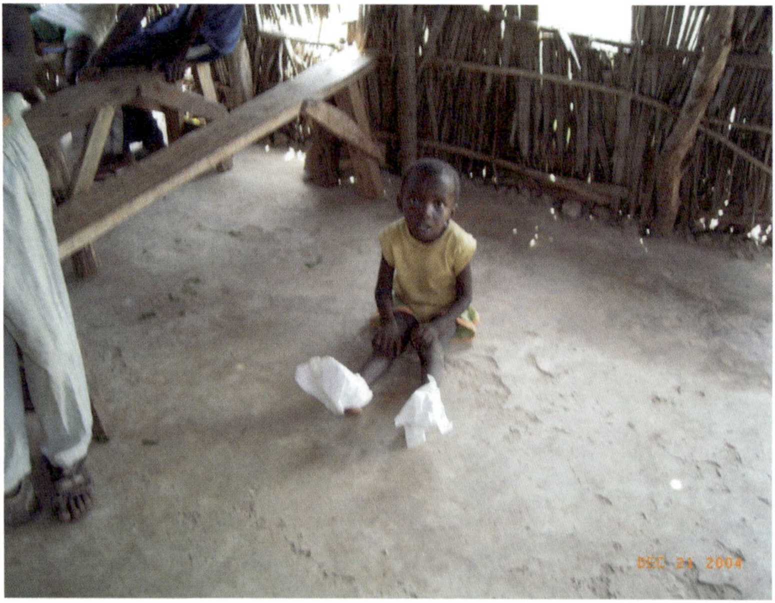
DEC 21 2004

Als ich meine Lage begriffen hatte, war mir das sehr peinlich. Das erste, was mir in den Kopf kam, war das Wort „kesho" (Suaheli: morgen). Ich verließ fluchtartig den Kindergarten, schilderte das Geschehene meinem Mann und wir fuhren wieder nach Ukunda.

Nach dem Wochenende kamen wir mit zwei riesigen Kartons voller Schuhe in den Kindergarten. Schon von Weitem entdeckten uns die Kinder und liefen uns entgegen.

Ganz vorne lief der strahlende und lachende Malipo.

Alle Kinder bekamen neue Schuhe und wir zogen daraus eine wichtige Lehre:

Entweder für alle oder für keinen. Aber besser für alle.

P Q R S T U
V W X Y Z

„Kenia-Zeit"

Einige meiner kenianischen Erlebnisse führten mal zu amüsanten, mal zu verwickelten Situationen. Den Spruch „Andere Länder – andere Sitten" kennen wir alle. Bei der Äußerung „Andere Länder – andere Zeiten" dachte ich immer an verschiedene Zeitzonen, wurde jedoch eines Besseren belehrt.

Als ich das erste Mal nach Kenia kam, lernte ich schon am Flughafen einige Suaheli-Wörter, die auch für die kenianische Mentalität kennzeichnend sind: „Hakuna matata" – kein Problem und „pole pole" – langsam, langsam. In Afrika ticken die Uhren anders und viel Geduld und langes Warten gehören zum Alltag.

Etwas später brachten mir die Kenianer folgende Weisheit bei: ihr Weißen habt die Uhren und wir Afrikaner haben die Zeit.

Dezember 2004

Die Medikamente in unserem Kindergarten gingen an einem Montag aus und wir beschlossen mit der Kindergärtnerin Helen am Dienstag in die nahegelegene Stadt Ukunda zu fahren, um das Nötigste zu besorgen.

Die Kinder kommen jeden Tag, außer an Sonn- und Feiertagen, um 8 Uhr in den Kindergarten und bleiben bis 13 Uhr. Daher wunderte ich mich nicht, als Helen mir vorschlug um 4 Uhr loszufahren. Als Treffpunkt hatten wir unsere Kindergartenhütte ausgewählt, da ich mich zu dieser Zeit noch nicht so gut in der Gegend auskannte.

Kurz vor vier angekommen, fand ich nur die leere Hütte vor. Ich wusste aber, dass die wenigsten Kenianer eine Uhr besaßen und beschloss auf Helen zu warten. Nach einer Stunde ging ich nicht sehr glücklich wieder nach Hause. Mein Mann wunderte sich sehr, dass ich so schnell zurück war, weil bereits eine einfache Fahrt nach Ukunda ca. 45 Minuten dauert.

Am nächsten Morgen gegen 10 Uhr ging ich wie fast jeden Tag in den Kindergarten.

Helen begrüßte mich sehr besorgt: „Guten Morgen, Luba. Ist bei dir alles okay? Ich habe mir gestern Sorgen gemacht, weil du nicht gekommen bist. Meine

Tochter war da, um auf die Kinder aufzupassen. Und dann gingen wir alle um 7 Uhr nach Hause."

Da ich erst vor Kurzem angefangen hatte Englisch und Suaheli zu lernen, dachte ich, wir hätten ein Verständigungsproblem. Trotzdem versuchte ich Helen zu erklären, dass ich gestern da war, aber niemanden angetroffen hatte. Es war ganz sicher ein Missverständnis. Und was war das gerade mit 7 Uhr? Die Frauen mussten eigentlich um 13 Uhr nach Hause gegangen sein.

Auf meinen Vorschlag heute nach Ukunda zu fahren, reagierte sie erfreut und fragte: „Wäre für dich heute um 7 Uhr in Ordnung?"

Schon wieder 7 Uhr. Lieben die Kenianer diese Uhrzeit besonders?

„Wie bitte? Um 7 Uhr ist es schon dunkel, es fahren kaum noch Matatus und ich habe gehört, dass es in der Nacht auch gefährlich ist als Frau unterwegs zu sein. Sind die Geschäfte und Apotheken noch geöffnet?", fragte ich nach.

Helen schwieg eine Minute. „Ich verstehe dich nicht. Wie kann es in drei Stunden schon dunkel sein?", fragte sie mich. „In drei Stunden haben wir erst 13 Uhr und nicht 7", zeigte ich auf meine Uhr.

Helen überlegte eine Weile und dann begann sie zu lachen. „Ach Luba, ich dachte, du weißt, dass unsere Zeitrechnung mit dem Sonnenaufgang beginnt. Das heißt, wenn es bei uns Kenianern null Uhr morgens ist, dann ist es bei euch Weißen 6 Uhr morgens. Jetzt verstehe ich: gestern habe ich auf dich um 10 Uhr gewartet und du auf mich um 4, also um 16 Uhr. Natürlich verwenden wir bei geschäftlichen Verabredungen auch eure Zeit. Entschuldige, Luba, das war mein Fehler."

Jetzt war mir auch klar, wann die Frauen gestern nach Hause gingen: um 13 Uhr.

Später fragte ich immer bei allen Verabredungen, ob „Kenia-Zeit" gemeint sei oder „unsere".

Von der brüchigen Hütte bis zur Integramus-Academy

Höhen, Tiefen und andere Katastrophen bei der Durchführung von Projekten

Voll motiviert flogen wir im Dezember 2005 für drei Monate nach Kenia. Wir hatten vieles vor: das erste Projekt war das Dach in der Mwamanga Primary School zu reparieren, drei Toiletten zu errichten und die Klassenräume mit den fehlenden Schulbänken auszustatten. Bei unserem zweiten Projekt, dem Kindergarten, waren die notwendigen Vorbereitungen des Grundstücks sowie die Errichtung eines festen Gebäudes, der Bau von Sanitäranlagen und eines Brunnens geplant. Wir wussten, es wird kein Urlaub sein. Auf uns wartete viel Arbeit.

Ankunft und die ersten Tage in unserer neuen Bleibe

Dezember 2005

Auch wenn ich über die Ereignisse der ersten Tage unseres Aufenthaltes zu berichten vermag, kann ich leider die Gerüche nicht beschreiben, die uns umgaben und auch nicht den Frust, welchen ich in diesen Tagen empfand.

Unsere Reise begann mit einem zehnstündigen Nachtflug und verlief wie immer: wenig Schlaf, wenig Platz für Gerhards lange Beine und ein Temperaturschock von minus 5 Grad bei Abflug in Frankfurt auf plus 33 Grad bei Ankunft in Mombasa. Erfreulich war diesmal, dass die Einreiseformalitäten am Flughafen ziemlich unbürokratisch und schnell erledigt waren. Die Koffer standen schon da und unser Taxifahrer auch. So fuhren wir Richtung Diani Beach.

Auf dem Weg wartete in einem Restaurant unser in Kenia ansässiger deutscher Bekannter Dieter mit seiner kenianischen Frau auf uns, der unsere Unterkunft organisiert hatte. Gemeinsam fuhren wir dann zum Verwalter namens Mohamed.

Bald kamen wir an ein mit Stacheldraht umzäuntes Haus. Nach einigen Minuten wurde das Tor geöffnet und wir wurden in ein sehr großes afrikanisch eingerichtetes Wohnzimmer geführt. Auf dem Sofa lag ein sehr wohlbeleibter älterer hellhäutiger Herr mit Bart. Als er mit viel Mühe versuchte vom Sofa aufzustehen, kamen ihm sofort zwei junge Kenianerinnen zu Hilfe. Jetzt saß der Mann und streckte die Hand zur Begrüßung aus: „Jambo ond gudde dag, seid ihr akomma, noh bring i eich gloi zu eirem Häusle. I heiß Mohamed."

Ich erwartete Englisch oder Suaheli zu hören, vielleicht gebrochenes Deutsch, aber auf keinen Fall so ein reines Schwäbisch! (Für die Nicht-Schwaben hier die Übersetzung: „Guten Tag, seid ihr angekommen, dann bringe ich euch gleich zu eurem Haus. Ich heiße Mohamed.")

Dieter verabschiedete sich von uns und wir fuhren mit Mohamed zum Haus. Der Weg mit dem Taxi dauerte nur fünf Minuten. Mein Mann konnte es unterwegs nicht lassen und fragte ihn: „Wie kommt es, dass Sie akzentfrei Schwäbisch sprechen?" „Eigentlich heiß i Sepp, abr vor oi baar Jahra bin i zu muslimische Glauba übergedreda ond heiß seiddem Mohamed (Eigentlich heiße ich Sepp, aber vor ein paar Jahren bin ich zum muslimischen Glauben übergetreten und heiße seitdem Mohamed)", erklärte der Mann. „Gehen Sie auch in die Moschee? Essen Sie kein Schweinefleisch?", fragte ich.

„Ha ha, ich und Moschee? Warum soll ich? Ich kann doch kein Arabisch. Aber als Muslim kann ich offiziell mehrere Frauen haben und ich esse alles. Es ging hier sehr einfach. Ich sagte im Beisein von ein paar Muslimen, seit heute bin ich Muslim und so bin ich Muslim geworden. Dann habe ich mir gleich zwei Frauen ins Haus geholt, später dann noch eine. Mit meiner deutschen Rente kann ich mir hier viel Luxus leisten." Gerhard schaute mich an und schmunzelte.

Ich wusste schon, dass Polygamie in Kenia legal ist. Die Gründe liegen in der islamischen Tradition, denn viele Frauen, Kinder und Kühe zu besitzen ist immer noch gleichbedeutend mit Reichtum. Nicht alle Kenianerinnen sind gegen eine Viel-Ehe: eine der Frauen eines reichen Mannes zu sein, ist besser als die Frau eines armen Mannes zu sein. Genauso ist die Tradition, Brautpreise in Form von Kühen, Ziegen oder Bargeld zu bezahlen, bei den meisten ethnischen Gruppen Kenias weit verbreitet. Wenn der Bräutigam in der Lage ist, mit mehreren Kühen oder mehr Geld zu bezahlen, bekommt er eine hübschere und/oder sogar eine gebildetere Frau.

Je näher wir zu unserer neuen Bleibe kamen, desto verlassener wirkte die Gegend. Alle Häuser waren heruntergekommen und vor den Eingängen lagen Berge von Gartenabfällen, Mülltüten und Bauschutt. Als wir an unserem Ziel ankamen, musste der Taxifahrer zunächst Mohamed beim Aussteigen aus dem

Auto behilflich sein. Dann lud er unsere Koffer aus, gab uns seine Visitenkarte und verabschiedete sich.

Von außen sah das kleine Haus gar nicht so schlecht aus. Auf der Terrasse standen ein Tisch und ein Plastikstuhl. Sepp-Mohamed machte ohne Schlüssel die Tür auf und zeigte uns die Wohnräume. Das Haus wirkte so, als ob es kein Mensch seit Monaten betreten hätte. Überall Unrat, tote Käfer und Spinnennetze. Im Erdgeschoss befanden sich neben Küche und Bad zwei weitere Zimmer. Eines davon war völlig leer, in dem anderen Zimmer standen ein leeres Kinderbett und ein Regal. Der erste Stock bestand nur aus einem Raum, mittendrin stand ein Bett mit einer zerrissenen Matratze und darüber hingen die Fetzen eines Moskitonetzes. In der Ecke stand ein Wassertank.

Im ganzen Haus waren weder Handtücher noch Bettwäsche zu sehen, in der Küche gab es kein Geschirr und keine Töpfe. Nur zwei schmutzige und fettige Teller und Gabeln lagen herum.

Ich war schockiert. Bei unserem letzten Aufenthalt in Kenia hatten wir ein Haus in einer kleinen Wohnanlage gemietet, welches sauber und mit allem notwendigen Zubehör voll ausgestattet war. So stellte ich mir auch diesmal das Mietshaus vor, weshalb wir auch keine Handtücher, geschweige denn Bettwäsche oder Küchengeschirr mitgenommen hatten.

„Wie kann man in diesem Haus überhaupt leben?" Genau das fragte ich unseren Vermieter.

Sepp-Mohamed reagierte auf meine Frage sehr gelassen: „Ich schicke eine meiner Frauen zu euch, sie bringt Bettwäsche und etwas Geschirr mit und putzt das Haus. Handtücher könnt ihr im Supermarkt kaufen. Jetzt müsst ihr die Miete für drei Monate bezahlen."

Er rief gleich jemanden an, wahrscheinlich eine seiner Frauen, und ging danach mit Gerhard auf die Terrasse.

Ich inspizierte nochmals das Haus und versuchte mir einzureden, dass wir es uns hier schon irgendwie einrichten könnten. Ein Handtuch, Seife und viele Taschentücher hatte ich im Koffer, das sollte fürs Erste reichen. Das Moskitonetz könnte ich versuchen mit meinen Reise-Nähutensilien zusammen-zuflicken. Den

Rest müssten wir notwendigerweise kaufen. In diesem Moment hatten wir keine andere Wahl, als in diesem Haus zu bleiben.

Meine innere Stimme warnte mich dennoch: ich sollte die Miete nicht für alle drei Monate bezahlen! Schon bei unserem letzten Aufenthalt hatten wir entschieden, dass ich in Kenia das Geld verwalte. Deshalb beschloss ich meiner inneren Stimme zu folgen und teilte Mohamed Folgendes mit: „So lange das Haus nicht wohngerecht eingerichtet ist, zahlen wir gar keine Miete. Man hat uns gesagt, das Haus sei voll ausgestattet. Kann man das Haus überhaupt abschließen?"

Meinem Mann war meine Aussage etwas peinlich, ich sah es an seinem Gesichtsausdruck, aber Sepp-Mohameds Antwort empörte mich noch mehr: „Stell dich nicht so an Mädle, ich weiß, dass du aus der Ukraine stammst, so bist du doch an Dreck gewöhnt. In Kenia seid ihr auch nicht zum ersten Mal. Gleich kommt meine Frau und macht hier sauber. Jetzt ist Hochsaison in Kenia. Ihr findet kein anderes Haus. Jetzt gebt mir das Geld und ich schicke jemanden zum Putzen."

Es verschlug mir die Sprache. Gerhard wusste auch nicht, wie er reagieren sollte, er spürte aber, dass ich kurz vorm Explodieren war. Mit einer Kopfbewegung zeigte er mir, dass ich ihm in die Küche folgen solle. „Wir haben zugesagt, ohne das Haus gesehen zu haben, und Dieter hat sich das Haus vor unserer Ankunft wahrscheinlich auch nicht angesehen. Wo sollen wir jetzt hin? Das schaffen wir schon, Liebes", versuchte Gerhard mich zu beruhigen.

„Was erlaubt sich dieser eingebildete und unverschämte Mensch?", erwiderte ich trotz meiner Empörung so leise es ging. „Ich werde die Miete nur für einen Monat bezahlen, dann sehen wir weiter. Vielleicht finden wir doch noch ein anderes Haus. Jetzt solltest du diese Botschaft diesem rotzfrechen Mann mitteilen, bevor ich ihm meine Meinung sage."

Ich blieb in der Küche und öffnete den uralten Kühlschrank. Hoffentlich funktioniert zumindest dieses alte Gerät, ging es mir durch den Kopf. Ich drehte den Wasserhahn auf und aus der Leitung kam eine braune und stinkende Brühe. Mit der Hoffnung, dass nach einer Weile normales Wasser käme, ließ ich den Hahn auf, holte aus meiner Tasche 400 Euro, was einer Monatsmiete entsprach, und ging hinaus. Die Männer unterhielten sich auf der Terrasse. Sepp-Mohamed saß auf dem einzigen Stuhl, Gerhard stand daneben. Ja, im ganzen Haus sah ich keinen zweiten Stuhl.

Die Stimmung war angespannt. Ich gab dem unzufriedenen Vermieter das Geld und er ging, ohne sich zu verabschieden.

Nach dem ersten Schock im Haus hatte ich keine Lust mehr die Koffer auszupacken, aber wir wollten endlich die Hände waschen und uns soweit wie möglich einrichten.

Gerhard suchte im und ums Haus herum nach einer zweiten Sitzmöglichkeit. Hinter dem Haus fand er eine alte Holzkiste, brachte sie auf die Terrasse, holte aus dem Handgepäck eine Zeitung und legte sie auf die Kiste. Als er sich zu der Kiste bückte schrie ich: „Halt!" In meinem Kopf spielte sich wie im Film die Szene ab, wie die Kiste unter dem schweren Gewicht meines Mannes zusammenbrach. Es kam zum Glück nicht dazu, weil auch Gerhard die Gefahr sah, und zuerst mit der Hand auf die Kiste, die entsprechende knirschende Geräusche von sich gab, drückte. Wir beschlossen diese als Ablageplatz zu nutzen.

Jetzt wollte ich endlich die Seife holen. Ich öffnete zuerst den kleineren Koffer, holte ein Stück Seife heraus und ging ins Bad. Ich ließ das Wasser laufen und auch hier kam die gleiche braune stinkende Brühe aus dem Wasserhahn. Die mitgebrachten feuchten Tücher mussten jetzt zum Hände reinigen reichen.

Dann wollte ich den großen Koffer aufmachen, aber es funktionierte nicht, da der Schlüssel nicht passte. Der zweite Versuch ging auch ins Leere und dann kam Gerhard und fragte mich, wo das Problem sei. Diesmal verzichtete er auf seinen Spruch „Frau und Technik", weil ihm die Explosionsgefahr seiner Frau bewusst war. Aber auch seine Versuche den Koffer zu öffnen endeten ohne Erfolg.

Bei genauerem Hinsehen entdeckten wir einen Anhänger mit dem Namen „Weiß aus Altenried" und der Aufschrift „Sansibar". Das war der gleiche Samsonite-Koffer wie unser und noch dazu mit dem gleichen Koffergurt, nur der Name war nicht Maier! Wir hatten den falschen Koffer mitgenommen!

Und was jetzt? Ich wählte von meinem deutschen Handy aus Dieters Nummer. Seine Frau meldete sich: „Wir wollten euch ohnehin besuchen und sind schon unterwegs zu euch, in ca. 15 Minuten sind wir da." Dieter lebte schon einige

Jahre in Kenia und wir hofften sehr, dass er uns in dieser prekären Lage helfen könnte.

Nach der Ankunft suchten die Männer auf der Terrasse nach einer Lösung und ich zeigte derweilen Dieters Frau das Haus. Sie schwieg. Als sie aber das Bad, die Toilette und die braune Brühe aus dem Wasserhahn sah, brach es aus ihr heraus: „Oh du meine Güte, ich würde hier nicht mal eine Nacht schlafen wollen."

Schließlich rief Dieter den Taxifahrer an und schilderte ihm unser Problem. Dieser kam 15 Minuten später zu uns. „Ich habe schon einmal für Touristen vertauschtes Gepäck vom Flughafen abgeholt. Es wird 50 Euro kosten. Ich brauche alle eure Papiere und wenn der Koffer in Mombasa geblieben ist und nicht nach Sansibar geflogen wurde, bringe ich ihn mit", erklärte er.

Er nahm den „falschen Koffer", unsere Reisepässe (mir war nicht sehr wohl dabei), die Flugtickets und das Geld. Nach fünf Stunden kam er mit unserem Koffer zurück. Es war der gleiche Samsonite-Koffer mit dem gleichen Gurt. Nach der schlaflosen Nacht im Flugzeug hatte keiner von uns geschaut, ob unser Name draufsteht. Der arme Herr Weiß wartet vielleicht noch heute auf Sansibar auf seinen Koffer.

Dieter war die ganze Situation mit dem Haus peinlich. „Ja", gab er zu, „ich hätte mir das Haus ansehen sollen. Ich vertraute aber diesem Mohamed. Er behauptete, es wäre alles in Ordnung und die Gäste könnten kommen." Als kleine Wiedergutmachung schlug er uns vor, mit seinem Auto in den Supermarkt zu fahren, um das Notwendigste zu kaufen. Obwohl wir sehr müde waren und davor nicht duschen konnten, nahmen wir sein Angebot an.

Als wir das Haus abschließen wollten, stellten wir fest, dass kein Schlüssel da war. Dieter fuhr zu Mohamed und kam mit einem Bund voller unterschiedlicher Schlüssel zurück. Wir haben alle ausprobiert, aber der richtige war nicht dabei.

Ich schlug vor, Mohamed nochmals anzurufen. Er solle endlich wie versprochen eine seiner Frauen schicken, die das Haus sauber mache. Diese müsse auch den richtigen Schlüssel mitbringen, währenddessen könnten wir zum Einkaufen fahren.

Bis die Frau eintraf, erkundeten wir die Gegend ums Haus herum. Auf einem Nachbargrundstück befand sich ein Pool. Der Abfluss war verstopft, sodass der

Boden mit den Resten von Regenwasser, Algen und Abfällen bedeckt war. Daraus kam ein fauliger Gestank. Was für eine Oase für Stechmücken und Ungeziefer!

Auf einem anderen angrenzenden Grundstück wohnte in einem leeren Haus eine Affenfamilie, die vom Balkon aus unsere Bewegungen aufmerksam beobachtete. Aus unserer Erfahrung hieß das für uns auf der Terrasse und auch im Haus keine Lebensmittel liegen zu lassen und immer alle Türen zu schließen.

Nach einer Stunde und drei weiteren Anrufen bei Mohamed erschien endlich eine junge Frau mit einer Tüte und einem Besen in der Hand. Sie ging wortlos ins Haus.

Als wir vom Einkaufen zurückkamen, sah das Haus nicht viel besser aus, aber wenigstens waren die toten Käfer vom Boden weg und ein Schlüssel lag auf dem Terrassentisch. Die Frau verließ sehr schnell das Haus, ohne sich zu verabschieden. Nachdem wir die Einkäufe ausgeladen hatten, gingen Dieter und seine Frau und wünschten uns eine ruhige Nacht.

Und die Nacht kam!

Die Matratze und die Bettwäsche rochen muffig, der Wind brachte die stinkenden Gerüche vom Nachbarpool ins Haus. Im ganzen Haus hingen drei schwache Glühbirnen, eine auf der Terrasse, eine in der Küche, eine am Eingang im Erdgeschoss. Letztere beleuchtete sehr spärlich auch unseren Schlafort im ersten Stock (als Schlafzimmer konnte ich diesen Raum nicht bezeichnen). Meine Versuche dort im Halbdunkel mit der Taschenlampe bewaffnet das Moskitonetz zu reparieren, liefen eher schlecht als recht: bei leichtem Berühren oder Ziehen des Netzes entstanden neue Löcher. Warum hatte keiner von uns daran gedacht, ein neues Moskitonetz zu kaufen?

Nachdem wir uns mit Antimoskitomittel eingerieben hatten, fielen wir nach schlafloser Nacht im Flugzeug und nach diesem stressigen ersten Tag erschöpft ins Bett.

Nach einiger Zeit wachte ich durch ein Kribbeln an meinem Fuß auf. Die Ursache dieses Kribbelns bewegte sich vom Fuß langsam mein Bein hoch. Bis ich total verschlafen begriff, wo ich bin, und mich im Bett aufsetzte, bewegte sich dieses Etwas unbeeindruckt weiter. An meinem Hals verspürte ich noch ein weiteres Etwas. Panisch versuchte ich die Taschenlampe aufzuspüren und gleichzeitig die lästigen Biester abzuschütteln. Die Geräusche, die ich von mir gab, und die hastigen Bewegungen im Bett weckten Gerhard auf. „Wo bin ich? Was ist los?", fragte er desorientiert und verschlafen.

Endlich fand ich die Taschenlampe und als ich sie eingeschaltet und die vielen riesigen Insekten im Bett gesehen hatte, sprang ich aus dem Bett. Etwas knackte unter meinen nackten Füßen. Als ich den Grund des Knackens auch noch sah, schrie ich auf. Gerhard wurde sofort wach und versuchte die Situation einzuschätzen.

Sie waren überall, im Bett, auf dem Boden, auf dem Moskitonetz. Sie waren ca. vier bis fünf cm groß und hatten lange Beine. „Oh je, so riesige Kakerlaken habe ich noch nie gesehen", sagte er leise und nahm mir die Taschenlampe aus der Hand.

Ich war so erschrocken, dass ich Angst hatte mich zu bewegen. Gerhard leuchtete überall hin. Dann schüttelte er mit einer Hand das Moskitonetz ab, dann die Bettlaken und danach befahl er mir, mich sofort aufs Bett zu setzen. „Ich hole jetzt die zweite Taschenlampe und das Insektenspray von unten, bleib bitte ruhig", sagte er und ging die Treppe hinunter. Ich wurde wieder aus meiner Schockstarre herausgerissen, als sich wieder Etwas auf meinem Arm bewegte. Ich schüttelte das Biest ab und begann zu weinen.

Geschlafen haben wir in dieser Nacht nicht mehr und gleich am Morgen fuhren wir in den Supermarkt und kauften ein neues Moskitonetz, fünf Dosen Insektenspray, einige Kerzen und noch einen Plastikstuhl.

Auch nach zwei Wochen stank das abgestandene Leitungswasser. Es wurde zwar etwas heller, war aber nur für die Toilettenspülung geeignet. Um Zähne zu putzen, Obst zu waschen und zum Kochen mussten wir jeden Tag einige Kanister Wasser kaufen. Wir mussten lernen uns mit ein paar Litern Wasser zu waschen.

Als wir am Telefon Sepp-Mohamed fragten, warum das Wasser im Haus so furchtbar stinkt, antwortete er unbesorgt: „Vielleicht ist ein Tier in den Brunnen gefallen und ertrunken. Dann stinkt es halt."

Wir konnten jetzt viel besser mit den Einheimischen mitfühlen, und uns wurde klar, was für einen Wert sauberes Wasser hat.

Das zweitgrößte Problem bereiteten uns unsere Nachbarn. Menschliche Nachbarn gab es in der Gegend nicht. Vielmehr war es die Affenfamilie, die sich durch uns anfangs gestört gefühlt hatte. Bald erkannten die Affen allerdings die Vorteile dieser Nachbarschaft. Kaum rochen sie etwas Essbares, lungerte die ganze „Affenbande" am Haus herum. Trotz unserer ständigen Aufmerksamkeit hatten sie oft Erfolg. Nichts war vor ihnen sicher, weder eingepackte Butter noch Brot oder Mangos. Sogar Gerhards Pfeifentabak verschwand eines Tages von der Terrasse. Hinzu gesellten sich noch riesige Scharren von großen Fliegen und anderen Insekten vom Nachbarpool.

Nach einigen Tagen bekam ich einen Hautausschlag und Gerhard Probleme mit dem Magen. Kein Wunder bei diesen (un)hygienischen Bedingungen. Ich hoffte, dass nichts Ernstes daraus werden würde.

Außerdem kamen noch weitere Unannehmlichkeiten dazu. Selbst am Laptop zu arbeiten war sehr kritisch. Auf der Terrasse gab es zwar einen einzigen wackeligen Tisch, aber keine Steckdose. So musste ich improvisieren und mit dem Laptop im Haus bleiben. Der Laptop lag auf einem Stuhl, ich saß gebückt auf dem anderen. Für die Computermaus gab es keinen Platz und ich hatte ständig Angst, dass etwas von der Decke herunterfiel. Dieses Etwas konnte auch lebendig und nicht sehr klein sein.

Meine Kinder

An den Zweck unserer Reise denkend, vom schlechten Gewissen meinen Kindern gegenüber geplagt und um mich von unseren Alltagsproblemen abzulenken, ging ich nach einer Woche endlich zu meinen Kindern.

Das Buschtelefon hatte schon überall verbreitet, dass wir da sind. Im Kindergarten hatten auch alle schon lange auf mich gewartet. Viele Kinder kannte ich noch vom letzten Jahr, einige neue Gesichter waren dazugekommen. Safari (mein Liebling) und Malipo (unser Sorgenkind mit den kranken Füßen) waren auch da, alle beide klammerten sich gleich an mich.

Das bisschen gelernte Deutsch hatten die Kinder nicht vergessen und als ich in die Hütte hereinkam, begrüßten sie mich sehr laut mit: „Guten Morgen, Mama Luba." Alle freuten sich und bedankten sich sehr herzlich, dass wir sie das ganze

Jahr mit Essen versorgt hatten. Daraufhin stimmten die Kinder ein Lied für „mwalimu" (Suaheli: Lehrerin) Luba an. Dann wiederholten wir die Zahlen auf Suaheli, Deutsch und Englisch. Auch die Kleinsten konnten es sehr gut. Die Atmosphäre war sehr herzbewegend und schön. Mich erfreute sehr, dass die Angehörigen die Hütte repariert hatten und es nicht mehr reinregnen konnte.

Bevor ich ging, informierte ich Helen noch darüber, dass wir ein Weihnachtsfest für die Kinder machen und ein paar Geschenke verteilen wollten.

Als wir am 23. Dezember mit vollen Taschen in den Kindergarten kamen, war die ganze Hütte überfüllt. Überraschenderweise waren alle Eltern und Verwandten anwesend. Zuerst verteilten wir unter allen Kindern Tüten mit Kleinspielzeugen, Keksen und Bonbons. Während die Kinder mit Auspacken beschäftigt waren, begannen wir mit einer ungeplanten Elternversammlung.

Es gab schon einige Fragen zu klären, in erster Linie die Bezahlung der Köchin. Ein ziemlich junger Mann, ein Onkel von zwei Mädchen, deren Eltern verstorben waren, und der zu einem Ersatzvater geworden war, konnte zu meinem Glück ziemlich gut Deutsch und half mir während der ganzen Versammlung. Ich erklärte den Anwesenden, dass ich von den Eltern und Verwandten Unterstützung erwartete. Sie sollten unter anderem das Kochen so organisieren, dass zum Beispiel abwechselnd von verschiedenen Familien gekocht werde. Wenn das nicht funktionieren sollte, müssten sie die Köchin bezahlen. Uniformen, Essen, Schuhe, Hefte und Medikamente würden von unserem Verein finanziert, aber den Rest könnten und müssten die Angehörigen selbst arrangieren. Zuerst war es still, dann entwickelte sich eine angeregte Diskussion auf Suaheli, die ich leider nicht verfolgen konnte, weil sehr schnell gesprochen wurde. Dann meldeten sich einige Frauen zu Wort und versuchten die Anwesenden zu überzeugen, meinen Vorschlag zu akzeptieren. Es wurde viel und lange geredet, leider blieb eine konkrete Lösung des Problems an diesem Tag aus.

Für mich hieß es weiterhin viel Überzeugungsarbeit leisten zu müssen. Trotz dieses ergebnislosen Abschlusses der Versammlung waren wir von diesem Tag sehr beeindruckt. Die Kinder strahlten vor Glück, die Jungs spielten auf dem Boden mit den kleinen Autos und genossen die Kekse und Bonbons. Die meisten von ihnen hielten das erste richtige Spielzeug ihres Lebens in der Hand. Ein ca. 3-jähriger Junge dachte wahrscheinlich, dass ein kleines Auto aus einer Tüte etwas Essbares wäre. Daher versuchte er es in den Mund zu stecken. Gerhard zeigte ihm, wie er mit dem Fahrzeug spielen kann und die Augen des Jungen begannen zu leuchten. Für die Mädchen brachten wir aus Deutschland verschiedenen Haarschmuck mit. Sie teilten sich in kleinere Gruppen auf. Die Älteren von ihnen halfen sich gegenseitig und versuchten die kunterbunten Bänder, Schleifen und Klammern in den Haaren zu befestigten. Die Kleinen warteten währenddessen, bis sie an die Reihe kamen. Es herrschte bei den Kindern eine entspannte und glückliche Atmosphäre.

Mit diesen schönen Eindrücken bedankte ich mich bei meinem Dolmetscher und wir verabschiedeten uns. Der junge Mann begleitete uns ein Stück nach Hause. Aus unserem Gespräch erfuhr ich, dass er 22 Jahre alt ist, und nach dem Tod der Schwester seine zwei Neffen aufgenommen hatte, die zurzeit in unserem Kindergarten untergebracht sind. In so einem jungen Alter und ohne Job die Verantwortung für zwei kleine Kinder zu tragen beeindruckte und bedrückte mich gleichzeitig.

Im neuen Haus

Intensiv suchten wir nach einer neuen Bleibe. In einem Hotel wären zwar in zwei Wochen Zimmer frei, aber als wir hörten, dass eine Nacht 130 Euro kosten würde, nahmen wir davon Abstand. Unser für drei Monate geplantes Budget war wegen der unvorhergesehenen Ausgaben wesentlich geschrumpft, weshalb ein Hotel nicht in Frage kam. Das hieß für uns weitersuchen.

Erst nach drei Wochen hatten wir Glück und fanden ein sehr schönes gepflegtes Haus. Als wir es das erste Mal sahen, verliebten wir uns beide in diesen Traum. Wir hatten sauberes Wasser! Wir hatten eine voll ausgestattete Küche! Wir hatten keine Kakerlaken!

Das Haus war sehr groß und schön: im Erdgeschoss waren zwei Schlafzimmer, zwei Duschen und WCs, eine Küche und zwei Terrassen mit wunderschönen Möbeln. Im ersten Stock befanden sich ein großer Raum mit bequemen Sitzmöbeln und ein Balkon.

Im Garten wuchsen einige Bananenstauden, zwei Mangobäume, ein Orangenbaum mit Früchten (der frischgepresste Saft schmeckte super), viele Kokosnusspalmen und wunderschöne Büsche. Der Höhepunkt des Gartens war ein großer Pool in der Mitte des Grundstücks. So ein Luxus!

Die Lage des Hauses war auch ideal: fünf Gehminuten zum Meer, nette und sehr hilfsbereite Nachbarn sowie eine ziemlich sichere Umgebung. Man sagte uns, hier wäre noch nie etwas passiert. Um die Ecke gab es einige Obststände, einen Kiosk für die nötigsten Sachen und ein Restaurant mit einem Reptilienpark. So große und alte Schildkröten hatte ich noch nie gesehen. Ein Traum!

Nach dem Umzug fühlte ich mich wie im Paradies. Was Glück ist, weiß man erst dann zu schätzen, wenn man auch Schwieriges erlebt hat.

Die Nacht des 27. Januars 2006

Im neuen Haus fühlten wir uns sehr wohl. In den wenigen freien Stunden, die wir hatten, genossen wir das warme Wasser des Pools, aus dem wir nachts einen herrlichen Blick auf den Sternenhimmel genießen durften. Diese Entspannung tat uns bei den vielen Aufgaben und Terminen gut.

Die Umbauarbeiten an der Mwamanga Schule wurden nach einigen Schwierigkeiten Ende Januar abgeschlossen. Die Schüler freuten sich nun in renovierten Räumen an neuen Tischen und Bänken zu lernen. Die Qualität des Lehrens und des Lernens verbesserte sich somit wesentlich. Die neu erbauten Toiletten erleichterten natürlich in erster Linie den Mädchen die Verrichtung der menschlichen Bedürfnisse.

Am 28. Januar 2006 wollten wir die Endabrechnung mit unserem Bauleiter erledigen. Dieter und seine kenianische Frau begleiteten uns zur Bank und wir tauschten 4.000 Euro in Kenia-Shilling um. Das Geld versteckte ich für diese Nacht im Haus.

Nach dem sehr warmen Abend mit spannender Unterhaltung über das Erlebte gingen wir um ca. 22 Uhr ins Bett; müde wie immer in den letzten Wochen nach vielen Terminen und Gesprächen. Es war windstill und die erhitzte Luft stand im Raum. Wir schalteten den Ventilator ein, bei dessen lautem Geräusch konnte ich jedoch lange nicht einschlafen. Erst nachdem wir das Gerät wieder abgeschaltet hatten, schliefen wir ein.

Mitten in der Nacht wurde ich von einem dumpfen Schlag geweckt. Dann hörte ich irgendwelche Tumulte und Bewegungen draußen auf der Terrasse. Im ersten Moment dachte ich an die Affen, die schon öfter draußen etwas umgeworfen hatten. Dann sah ich durch den Vorhang auf der Terrasse Taschenlampenlichter und Gestalten, die sich an der Eingangstür zu schaffen machten. Kaum hatte ich mir ein T-Shirt angezogen, wurde ich von den direkt in mein Gesicht gerichteten Taschenlampenlichtern geblendet. Ich erblickte im Schlafzimmer drei junge mit Messern, Stöcken und Macheten bewaffnete Männer, die leise, aber sehr bedrohlich nach Geld verlangten.

Ich dachte zuerst, es sei ein böser Traum, bis ich so richtig begriffen hatte, dass es kein Traum ist, sondern ein Überfall. Gerhard fragte verschlafen und noch im Bett liegend, was los sei, da drückte einer der Einbrecher ihm eine lange Machete an die Brust: „Give me your money or I'll kill your wife!", wiederholte er immer wieder.

Dessen ungeachtet versuchte Gerhard vorsichtig aus dem Bett herauszukommen. Als er stand und die Männer um mehr als einen Kopf überragte, wichen zwei Einbrecher einen Schritt zurück und wurden sehr nervös. Wir hörten von den Räubern nur: „Money, give me money!" Dabei fuchtelten sie stets mit den Macheten herum.

Sie sprachen sehr leise und zeigten uns mit Handbewegungen, dass wir auch leise sein sollten, sonst würden sie uns umbringen. Einer von ihnen hatte in dieser Zeit alles, was ihm wertvoll vorkam, in einen Sack gestopft. Plötzlich sah er meine Laptoptasche und griff nach ihr. Eine Sekunde dachte ich daran sie festzuhalten, aber nachdem ich im Licht der Taschenlampe ein großes Messer vor mir sah, trat ich einen Schritt zurück und sagte: „Okay, okay."

Mal ich, mal Gerhard wiederholten: „We have no money here!" Wir haben nicht gelogen, wir hatten wirklich kein Geld *hier in diesem Zimmer*. Die wertvollsten

Sachen waren zum Teil im anderen Zimmer in einem verschlossenen Koffer, zum Teil unauffällig unter irgendwelchen Zeitungen oder Kleidern versteckt. Einiges an Geld, unsere Pässe und Flugtickets hatte ich so versteckt, dass nicht mal Gerhard wusste, wo diese Sachen sind. Der neue Laptop lag in einer roten Tüte unter einer Zeitung, die Kamera und ein Geldbeutel mit umgerechnet ca. 100 Euro waren in einer Strandtasche.

Sehr langsam näherten wir uns den Einbrechern von beiden Bettseiten, zwei kleine Schritte nach vorne, einen Schritt zurück. Einer griff nach Gerhards Pfeifentasche, die nicht ganz geschlossen war und eine Pfeife fiel aus der Tasche auf den Boden. Ich bückte mich nach ihr in der Hoffnung zumindest eine Pfeife für Gerhard zu retten. Was mir da alles durch den Kopf ging.

Da es wahrscheinlich Verständigungsprobleme zwischen den Einbrechern gab und sie jung und unerfahren waren, hatten wir uns alle in diesem Hin und Her der Tür genähert. Als sich meine Augen an die Dunkelheit gewöhnt hatten, sah ich junge, sehr nervöse Gesichter mit glasigen Augen. Sie alle standen unter Drogen.

Dann sah ich, wie einer die Treppe hochsprang und der andere die Tür zum anderen Zimmer aufmachte, in dem hinter der Tür der große Koffer mit dem Geld stand. Diesen übersahen die Männer. Weil im Zimmer außer einigen Kleidern auf dem Stuhl, leeren Schränken und einem leeren Bett nichts Auffälliges zu sehen war, weckte der Raum kein weiteres Interesse. Zu unserem Glück!

Einer blieb die ganze Zeit mit ausgestreckter Machete im Rahmen unserer Zimmertür stehen und wiederholte immer wieder: „Give me money!" Er schaute dabei gehetzt nach seinen Kumpanen. Zentimeter für Zentimeter näherten wir uns der Tür und ohne, dass wir uns irgendein Zeichen gegeben oder etwas gesagt hätten, schlugen Gerhard und ich blitzartig die Tür von innen zu, sodass der Mann nach draußen geschupst wurde und dort blieb. Gerhard drückte mit aller Kraft die Tür zu und ich schaltete das Licht ein. Dann griff ich nach der Trillerpfeife und begann zu pfeifen und zu schreien: „Hilfe, help me, unasaidie!" Ich hoffte, dass unsere Nachbarn Kurt und Monika uns hörten. Diese hatten uns schon früher gesagt, dass wir im Notfall laut um Hilfe schreien sollten, da sie einen Alarmknopf für einen privaten Sicherheitsdienst im Haus hätten.

Die Männer gerieten in Panik und nach einigen Sekunden sah ich durchs Fenster, dass sie die Flucht ergriffen.

Nachdem wir die Stimmen der Nachbarn und Motorengeräusche hörten, nahm Gerhard das größte Messer aus der Küche in die Hand und traute sich vorsichtig aus dem Haus. Mir ordnete er an im Haus zu bleiben und die Tür abzuschließen.

Leider konnten die Männer des privaten Sicherheitsdienstes nicht sofort auf das Grundstück kommen, weil unser Tor abgeschlossen war. Nachdem Gerhard das Tor geöffnet hatte, begannen sie mit der Suchaktion. Einer der Sicherheitsleute rief uns zu sich und zeigte ein Loch, das am anderen Ende des Grundstücks in den Zaun geschnitten worden war. Das war der Einbruchs- und Fluchtweg der Täter. Dahinter kam eine Wildnis, in der man in der Nacht schnell verschwinden konnte. So blieb die Suchaktion ohne Erfolg. Die Sicherheitsleute versuchten uns zu beruhigen und blieben solange bei uns, bis die Polizei kam.

Nach einer Stunde trafen zwei Polizisten ein, verschlafen, müde und ohne großes Interesse etwas aufzuklären. Eine Stunde später kam der Polizeichef persönlich mit zehn Gefolgsleuten und einem Hund. Er stellte allgemeine Fragen, ohne auf die Details einzugehen. Fürs Protokoll musste ich ihm ein Stück Papier und einen Kugelschreiber bringen. Sein Hauptinteresse war Präsenz zu zeigen.

Um 6 Uhr morgens wurde es hell und die Polizisten gingen. Alle versicherten uns, die Einbrecher kämen heute und demnächst nicht mehr wieder.

Wir nahmen uns in die Arme und waren sehr glücklich, weil wir lebten und unverletzt waren. Das war das Wichtigste.

Der materielle Schaden hielt sich in Grenzen, wenn man überlegt, was alles noch im Haus war. Gestohlen wurden zwei Handys, teure Pfeifen, Taschen, ein Blutdruckmessgerät, eine Kosmetiktasche, eine Laptoptasche mit einigen CD-ROMs und Musik-CDs. Auch noch vier Tage nach dem Überfall entdeckten wir, dass weitere Sachen fehlten. Vom Schock konnten wir uns sehr lange nicht erholen.

Am Tag war das Geschehen der letzten Nacht Gesprächsthema Nummer eins im Umkreis von 30 Kilometern bis Mombasa. Die große Anteilnahme der Einheimischen rührte uns sehr. Die Nachbarn boten uns am frühen Morgen an, den Zaun zu reparieren und entschuldigten sich für ihre Landsleute. Unser Gärtner

Abdalla war den ganzen Tag sehr betroffen, die Nachbarin Erika schickte gleich eine E-Mail an meine Tochter Christina, damit unsere Handys gesperrt werden konnten.

Nach so einem furchtbaren Erlebnis dachte ich viel nach. Ich stellte mir die Frage, warum ausgerechnet in dieser Nacht eingebrochen wurde. Es wussten nur zwei Menschen, dass wir so viel Geld im Haus hatten. Wem kann man noch vertrauen? Andererseits gingen bei mir verschiedene andere Gedanken durch den Kopf. Wie oft ärgern wir uns über Sachen, die das nicht wert sind. Man sollte jeden Tag, den wir erleben und genießen dürfen, so schätzen, als ob es der letzte wäre.

Nach Optimismus klang das nicht, dennoch wusste ich, das Leben muss weiter gehen. Für die uns noch verbleibende Zeit in Kenia, engagierten wir noch am gleichen Tag einen Nachtwächter.

Ein Unglück kommt selten allein

Am 04. Februar 2006 schrieb ich an die Mitglieder unseres Vereins Integramus folgende E-Mail:

Hallo, unsere lieben ‚Integramusler', wir hoffen so sehr, dass wir euch auch mal gute Nachrichten mitteilen könnten und nicht nur über unsere Katastrophen hier berichten. Leider kam das nächste Unglück auf uns und unsere Kinder zu. Heute ist unsere Kindergartenhütte völlig abgebrannt. Brandursache war die Nachbarshütte, die genauso ‚gebaut' war wie der Kindergarten. Die Familie dort hatte gekocht und da es an diesem Tag sehr windig war, hatte ein Funken gereicht, um einige Hütten in Brand zu setzen. Einige Familien haben ihr gesamtes bescheidenes Hab und Gut verloren. Helen kam heute weinend zu uns und erzählte alles. Die Menschen haben versucht das Feuer zu löschen und etwas zu retten, aber die ganze Mühe war umsonst. Der Kioskbesitzer daneben schaffte es seine Ware rauszuholen und dann versuchte er mit Erde das Feuer zu ersticken, bis die Feuerwehr kam. Ohne Erfolg.

Ich habe mir alles angeschaut, Fotos gemacht und mit den Leuten gesprochen. Viele Menschen sehen keinen Ausweg mehr und sind total verzweifelt.

Eine Frau mit acht Kindern, deren älteste Tochter Rosi immer wieder in unserem Kindergarten hilft, hat alles verloren und muss mit der ganzen Familie unter freiem Himmel schlafen. Ich würde ihr auch gerne helfen und ich hoffe, dass ihr uns in diesem Vorhaben unterstützt.

Liebe Grüße aus Kenia. Luba

Am Tag nach dem Brand trafen wir uns mit Helen, dem Pfarrer und einigen Gemeindemitgliedern zu einer Krisensitzung und versuchten eine Notlösung für den Kindergarten zu finden. Die wichtigste Frage war die Finanzierung des Aufbaus. Wir dachten sehr wohl an die bescheidenen Finanzmittel unseres Vereins, so durften die Kosten 1.000 Euro nicht überschreiten.

Dazu ging es hier nur um eine vorübergehende Lösung, da der Kindergarten auf dem gleichen fremden Grundstück entstehen würde, dessen Eigentümer unbekannt ist. Dieser könnte jeden Tag kommen und unseren Kindergarten abreißen lassen. In nächster Zukunft plante unser Verein ein festes Gebäude für den Kindergarten zu bauen mit einer Küche, Toiletten und einem Brunnen. Vielleicht konnte das schon in diesem Jahr möglich werden, wenn wir einen entsprechenden Platz und Finanzmittel dafür finden würden. Deshalb musste alles so organisiert werden, dass das verwendete Material auch zukünftig eingesetzt werden konnte.

Der Pfarrer machte den Vorschlag, zuerst die ganze Gemeinde zusammenzubringen und mit ihr über unsere Vorschläge und organisatorische Fragen zu sprechen. Danach würden wir über die Ergebnisse informiert werden.

An diesem Nachmittag besuchten uns unsere Freunde Christa und Kurt, die unterwegs zu uns den Brand und die Rauchwolken von weitem gesehen hatten. Da sie von Anfang an unser Kindergarten-Projekt aktiv unterstützten, starteten sie sofort im Hotel, in dem sie ihren Urlaub verbrachten, eine Spendensammlung und brachten uns am nächsten Tag die ersten 70 Euro mit. Sie baten den Koch des Hotels, ihnen alles Essbare zu geben, was nach dem Frühstück übriggeblieben war. Sie kamen am nächsten Tag mit einem Taxi, voll beladen mit belegten Broten, zwei riesigen Kisten mit Kuchen und Keksen und einigen Tüten voller Kleider. Diese Schätze verteilten wir später alle zusammen unter den Bedürftigen.

Nach zwei Tagen kam von den Gemeindemitgliedern als Notlösung folgender Bauvorschlag. Es sollte auf dem alten Grundstück ein vorläufiger, aber größerer Kindergarten gebaut werden, bestehend aus einem Raum 36 mal 16 Fuß groß mit 2 Türen und 6 Fenstern. Das Hauptmaterial würde Blech auf einer Holzkonstruktion sein. Diese Konstruktion könnte im Notfall schnell abgebaut und mit nicht viel Aufwand woanders aufgebaut werden. Wenn wir ein Grundstück hätten, um ein festes Gebäude zu bauen, könnte auch dieses Baumaterial dort verwendet werden. Die Kosten für diese Lösung würden zwischen 800 und 1.000 Euro liegen. Dazu kämen noch einige Bänke und Tische. Die Gemeinde Mitglieder erklärten sich bereit den Kindergarten aufzubauen. Am nächsten Tag um 8 Uhr sollten die Aufräumarbeiten beginnen.

Wir waren von Eifer, Motivation und Eigeninitiative der Gemeinde sehr beeindruckt. Die Schnelligkeit und Hilfsbereitschaft waren einmalig.

Als ich zu dieser Zeit Rosis Mutter traf, war die Frau total am Boden zerstört. Alles, was ihre Tochter für die Schule brauchte, Uniform, Bücher, Schuhe waren verbrannt. Für die Frau war das größte Problem, dass Rosi nicht in die Schule konnte. Nach kurzer Überlegung gab ich der Frau 2.000 Kenia-Shilling (ca. 25 Euro) für die Schulausrüstung der Tochter. Als ich dann am späten Nachmittag der Familie Essen brachte, berichtete mir Rosi ganz stolz, dass die Mutter schon heute, am Sonntag, in Ukunda alles für die Schule gekauft hatte, damit sie morgen wieder in die Schule gehen könne. Die Augen des Mädchens strahlten.

Einen Tag danach begannen im Kindergarten die Arbeiten. Auch die ersten Pfosten für die nächste Hütte lagen schon bereit. Im Baumarkt bestellten wir Material für ca. 900 Euro. Die meiste Arbeit machten die Männer selbst, wir bezahlten ihnen nur das Essen und Trinken.

Eine Woche nach dem Brand war der Stand des neuen Kindergartenbaus sehr erfreulich. Nur bei der Bestellung des Materials hatten wir die Türen, Schlösser und Fenster vergessen. Also mussten wir nochmals nach Ukunda in den Baumarkt. Es fehlten nur noch Sitzmöbel, welche wir dann später auch in den neuen Kindergarten mitnehmen könnten.

Bei allen diesen Aktivitäten stellte ich fest, dass das Baumaterial für kenianische Verhältnisse sehr teuer ist. So ist es kein Wunder, dass die meisten Menschen hier so ärmlich leben müssen. Das war auch der Grund für viele angefangene und schon zugewachsene Baustellen, die wir unterwegs gesehen hatten. 900 Euro waren zu dieser Zeit zwanzig Monatslöhne eines gut bezahlten Gärtners.

Nach zehn Tagen war unser Kindergarten fertig und alle waren sehr glücklich darüber. Der Kindergartenbetrieb kehrte wieder zur Normalität zurück. Schon von weitem konnte man unsere Kinder in ihren neuen bunten Uniformen erkennen. Rosis Familie bekam das Material für eine einfache Hütte, die auch innerhalb einiger Tage errichtet wurde.

Nach diesem erfolgreichen Wiederaufbau konnte ich mich im Umkreis von mehreren Kilometern nicht mehr unerkannt bewegen. Von überall schrien die Kinder: „Mama Luba, Jambo!", und dann sangen sie mitten auf der Straße das im Kindergarten gelernte Lied. Was für ein schönes Gefühl.

Besuch eines Bergdorfes

Der pensionierte Rektor der Mwamanga Schule, Andrew, mit dem wir unser Engagement in Kenia angefangen hatten, besuchte uns seit unserer Ankunft öfter und jedes Mal lud er uns in sein Dorf ein. Wegen unserer vielen „Baustellen" konnten wir uns erst am 22. Februar 2006 auf den Weg machen.

Msulwa heißt das Dorf und liegt ca. 40 km von unserem Quartier entfernt, mitten in den Bergen Shimba Hills. Unser Taxifahrer war nicht sehr begeistert, nachdem wir ihm mitgeteilt hatten, wohin die heutige Fahrt gehe.

Als wir nach fast drei Stunden schwankender Fahrt die Dächer einer Siedlung sahen und unser Ziel fast erreicht hatten, liefen unserem Auto ca. 100 Kinder entgegen. Sie jubelten und begleiteten uns dann mit einem freundlichen Geschrei und mit Palmenwedeln in den Händen bis zur Schule. Dort wurden wir vom Empfangskomitee bestehend aus Lehrern, Rektor und Eltern sehr herzlich begrüßt. Danach zeigte uns der Rektor alle Schulräume sowie den integrierten Kindergarten. In jeder Klasse sangen die Kinder für uns Lieder, mal auf Englisch, mal auf Suaheli. Alle Räumlichkeiten und alle Außenanlagen waren sehr sauber. In vielen Klassenzimmern fehlten jedoch Tische und Bänke.

Nach dieser Besichtigung führte man uns auf den Schulhof, wo sich das ganze Dorf für ein Fest versammelt hatte. Zuerst wurden wir vom Dorfvorsteher begrüßt, dann folgten verschiedene musikalische Darbietungen mit Trommeln, Gesang und Tanz. In jedem Satz und jeder Strophe der Lieder hörten wir unsere Namen: Madam Luba und Mister Gerhard.

Nach diesem Konzert deutete uns Andrew an, dass wir einige Worte sagen sollten. Er würde unsere Rede ins Suaheli übersetzen, weil die älteren Menschen kein Englisch verstanden.

Gerhard kam in die Mitte des Platzes und bedankte sich für den netten Empfang. Dann wollte er mit seinem bescheidenen englischen Wortschatz erzählen, dass wir uns in Kenia für Kinder engagieren und in der Mwamanga Schule drei Räume renoviert, drei Toiletten errichtet und 50 Tische gebaut hatten. Ich konnte nicht verstehen, ob in welcher Zeitform Gerhards Rede übersetzt wurde. Bei Andrews Übersetzung hörte ich den Ort Mwamanga jedenfalls nicht, dafür aber Msulwa. Auf einmal begannen die Menschen zu jubeln und zu klatschen. Der Rektor kam auf uns zu, drückte uns beiden die Hand und bedankte sich für unsere Bereitschaft seine Schule bei der Beschaffung von Tischen und Schulbänken zu unterstützen. Die Freude der Menschen war riesig.

Ich ging davon aus, dass unser Übersetzer Andrew die Situation ausnutzte, um seinen Heimatort zu unterstützen. So bekamen wir nun die Aufgabe, die wir nicht gesucht hatten, die uns aber durch ein Verständigungsproblem gefunden hatte: Wir mussten das notwendige Geld für die Beschaffung des fehlenden Mobiliars auftreiben.

Danach führte uns der Rektor der Msulwa Schule, ein sehr engagierter Mann, in sein Büro. Dort durften wir uns als erste Gäste in das Gästebuch eintragen.

Beim nachfolgenden Rundgang durch die Ortschaft besichtigten wir eine neu erbaute Krankenstation. Dabei erzählte uns Andrew einiges über die Situation im Dorf und in der Umgebung. In die Schule würden Kinder aus verschiedenen Siedlungen im Umkreis von etwa 10 Kilometern kommen. Viele Kinder hätten jeden Tag einen sehr langen Weg zu bewältigen. Vor zwei Jahren hätte eine Hilfsorganisation das Gebäude der Krankenstation gebaut, die seither leer stehe. Kein Arzt und keine Krankenschwester seien bereit, ohne jegliche medizinische Ausstattung hier zu arbeiten. Dazu komme das Problem mit dem Wasser. In ihrer Gegend gebe es keinen Brunnen. Da sie sich auf über 300 Metern Höhe über dem Meeresspiegel befänden, sei es fast nicht möglich aus eigenen Kräften einen Brunnen zu bauen. Ihre einzige Möglichkeit sei das Regenwasser zu sammeln. Wenn es aber lange nicht regnete, müssten ihre Frauen ins Tal gehen und dort Wasser holen. Sie seien einen ganzen Tag unterwegs. Man hätte zwar an die Krankenstation einen Wassertank für das Sammeln von Regenwasser angebaut, allerdings könne man dieses Wasser nicht trinken. Auch ohne Strom könne die Station schlecht funktionieren. Diese Organisation hätte ihnen zwar eine Solarbatterie geliefert, nun wisse bei ihnen aber keiner wie diese funktioniere.

Nachdenklich ging ich mit meinen Begleitern durch das Dorf zurück zu unserem Taxi.

Ich dachte über die Eindrücke nach und stellte mir einige sehr einfache Fragen:

- Warum baut man eine Krankenstation in einem Ort, in dem es kein Wasser und keinen Strom gibt?
- Wäre es nicht sinnvoll, zuerst die notwendige Wasserversorgung zu sichern und dann eine Krankenstation zu bauen?
- Sollte man nicht als Erstes die Infrastruktur der Gegend prüfen oder damit beginnen die Infrastruktur zu schaffen?
- Eine Krankenstation ohne Geräte und ohne Personal: Reichte das Geld nicht oder war die Planung falsch?
- Wer plant solche Projekte und wer überprüft die Sinnhaftigkeit dieser enormen Investitionen?
- Werden solche Projekte auf die einheimischen Bedürfnisse abgestimmt?

Diese Fragen konnte mir keiner beantworten. Ich dachte die ganze Zeit an die alltäglichen Probleme dieser Menschen. Eine so notwendige Einrichtung steht seit zwei Jahren leer. Diese nicht sehr weitsichtige Herangehensweise und deren Auswirkung machten mich traurig und gleichzeitig wütend.

Bei unserer Rückfahrt unterhielt ich mich darüber mit unserem Taxifahrer. Er berichtete dann über noch kuriosere Projekte. Es stünden in dieser Gegend einige von verschiedenen ausländischen Organisationen neu erbaute Gebäude leer. Den Kenianern fehlten oft das Know-how und in den meisten Fällen die finanziellen Mittel für die Ausstattung und den Betrieb. Noch absurder fand er den aufwändigen Bau einer Radiostation, die von einer europäischen kirchlichen Organisation im Landesinneren errichtet wurde, eine halbe Million Euro gekostet hatte und jetzt 24 Stunden am Tag christliche Lieder sendet, wobei die wenigsten Kenianer ein Radio besitzen.

Er gab mir Recht, dass die Kenianer öfter nach ihren Bedürfnissen gefragt werden müssten. Man sollte ihnen zuerst Zugang zu sauberem Trinkwasser ermöglichen. Das sei in Kenia das größte Problem.

Unsere Unterhaltung mussten wir mehrmals unterbrechen, weil wir aussteigen und das Auto aus dem Sandboden schieben mussten. Immer wieder gingen wir bei unsicheren Stellen zu Fuß. Uns tat der Taxifahrer schon leid: die Farbe seines schönen und für unsere Fahrt sauber geputzten Autos erkannte man nun nicht mehr. Wir fühlten Sand auf dem ganzen Körper, selbst im Mund. Auch die Farbe meiner Haare konnte man nicht mehr erkennen.

Als wir nach drei Stunden endlich auf die Hauptstraße kamen, atmeten wir alle tief durch. Wenn wir unterwegs steckengeblieben wären, hätten wir einen sehr langen Weg zu Fuß hinlegen müssen. Unterwegs war uns kein einziges Auto entgegengekommen oder hatte uns überholt.

Am Ende dieses lehrreichen Tages mit vielen seelischen Höhen und Tiefen beschlossen wir uns zukünftig mehr für die Wasserversorgung in Kenia einzusetzen.

Vier Hektar Land für unsere Akademie

Der Bau eines festen Kindergartengebäudes mit einem Brunnen stand bei diesem Aufenthalt als Projekt Nummer eins auf dem Plan. Nachdem sich in der Gegend herumgesprochen hatte, dass wir ein Grundstück für den Kindergartenbau suchten, kamen einige sogenannte Geschäftsleute mit den wildesten Angeboten auf uns zu: es gab Grundstücke im Wert von 20.000 bis 50.000 Euro zu kaufen.

In vielen Gesprächen drückte ich deutlich aus, dass unser Verein keinen privaten Kindergarten bauen wolle, sondern in erster Linie eine Bildungsanstalt für Waisen und Halbwaisen. Wir waren nicht in der Lage für ein Grundstück so viel Geld zu bezahlen. Dann erfuhr ich in einer Unterhaltung mit unserem Architekten, dass jede Gemeinde über Land für Schulen, Kindergärten und sonstige soziale Einrichtungen verfüge.

Ich bat die Kindergärtnerin Helen den Dorfvorsteher („village chairman") des Dorfes Biga zu fragen, ob es möglich wäre, für „unseren" Kindergarten ein Grundstück zu bekommen. Zwei Tage später teilte mir Helen mit, dass der Dorfvorsteher mich empfangen würde.

Am Abend vor diesem Treffen bereitete ich mich vor und ich schrieb alles auf, was ich vortragen wollte. Am nächsten Tag begleitete mich Helen als Dolmetscherin und als Beistand zu dieser Verabredung. Ich dachte, dass das Gespräch mit dem Dorfvorsteher in einem Rathaus oder in einem Gemeindehaus stattfinden würde. Als wir dann an einem Platz unter einem riesigen Mangobaum stehenblieben, informierte sie mich: „Wir sind angekommen. Das ist unser Treffpunkt. Hier werden immer alle Versammlungen abgehalten und alle wichtigen Entscheidungen getroffen. Hier ist unsere ‚town hall'."

Ein Rathaus unter freiem Himmel! Es passte so gut zu meinen bisherigen Afrika-Erfahrungen!

Dann kam der Dorfvorsteher und wir setzten uns auf einen liegenden Baumstamm. Unser Gespräch verlief zunächst ziemlich angespannt. Es stellte sich heraus, dass der Mann kein Englisch sprach. Nachdem ich ihm das schriftlich auf Suaheli vorbereitete Anliegen übergab, schaute er das Papier, dann mich, dann Helen, dann wieder mich an. Daraufhin unterhielt er sich mit Helen, ohne mich zu beachten. Sein Verhalten schöpfte bei mir den Verdacht, dass der Mann Analphabet war und versuchte das zu verbergen.

Die weitere sehr mühsame Unterhaltung, zu der sich noch einige ältere Herrschaften dazugesellten, dauerte zwei Stunden und endete mit einer Aussage, die mich sehr glücklich machte. Wir könnten 4 HEKTAR Land für den Bau des Kindergartens auf dem Gemeindegelände neben der Schule haben.

Erforderlich war noch, dass die ganze Gemeinde, der Schulrektor und der „Chief Kinondo Location" (seine Amtsfunktion verglich ich mit der eines Landrats) zustimmten, was aber kein Problem sein sollte, meinten Helen und der Dorfvorsteher.

Zur Besichtigung unseres Bauplatzes verabredeten wir uns für den nächsten Tag. Dazu kamen auch unsere Freunde Christa und Kurt. Als wir alle vor einem unwegsamen Gelände voller dornigem Gestrüpp stehenblieben, sagte Christa: „Die Luba, sie ist verrückt! Wie will sie hier etwas bauen?" Unsere kenianischen Begleiter waren aber genau so optimistisch wie ich. Wir wussten: Wir schaffen es.

In den nachfolgenden Tagen organisierte Helen die nächsten Treffen und nachdem alle wichtigen Personen zugestimmt hatten, begann die „schriftliche Bürokratie".

Als Erstes verfasste der Rektor zur Vorlage an die Behörden ein von ihm persönlich und vom Dorfvorsteher unterschriebenes Schriftstück für die Zuteilung eines Grundstücks an den Verein Integramus mit folgendem Inhalt:

Allocation of part of school land for community development projects.

On behalf of the School management Committee (SMC) and the village chairman, we the undersigned hereby confirm that we have agreed to allocate 4.0 hectare of our school land to Integramus e. V. of Bertholdweg 12, Reutlingen, Germany for community development projects.

Mit diesem Schreiben gingen wir dann zum Chief, der unser Vorhaben von Anfang an unterstützte. Auch von ihm bekamen wir die Zustimmung. Den nächsten Antrag sendeten wir an das Grundbuchamt in die Bezirksstadt Kwale. Wir mussten einen Auszug aus dem Grundbuch mit der Eintragungsnummer des Grundstücks beantragen, damit in Zukunft keine Probleme mit der Polizei und den Schulbehörden auftreten würden. Es wurde uns mitgeteilt, dass es einige Monate dauern würde, bis wir vom Amt Bescheid bekämen. Jetzt musste noch die ganze Gemeinde in Kenntnis gesetzt werden, was am besten bei einer Großversammlung mit einem Fest stattfinden konnte. So ein freudiges Ereignis musste gefeiert werden.

Dorfversammlung und Fest in Biga

Die Gefühle, die ich an diesem Tag hatte, sind schwer in Worten zu fassen.

Das ganze Dorf versammelte sich im „Rathaus" unter dem Mangobaum, um den Anfang des Projekts zu feiern. Die meisten Menschen brachten kleine Matten mit, auf die sie sich setzten. Für die wichtigsten Gäste wurden einige Stühle herbeigezaubert.

Die Eröffnung des Festes begann mit einem Gebet. Der Dorfälteste erklärte mir, dass es in dieser Gegend beim Volksstamm der Digo ein alter Brauch sei, bei solchen Festlichkeiten *gemeinsam* zu beten: Muslime, Christen und alle anderen im Dorf lebenden Religionen. Auf meine fragende Mimik reagierte er nur mit einem Lächeln und einer sehr einfachen Erklärung. Auf Suaheli gebe es nur ein Wort für Gott: „Mungu".

Mich faszinierte diese Tradition. Besonders deshalb, weil ich wusste, dass die meisten älteren Menschen im Dorf Analphabeten waren. Dennoch besitzen diese Menschen, die nicht schreiben und lesen können, so viel Intelligenz und Toleranz unabhängig von ihrer Religionszugehörigkeit im Frieden miteinander zu leben und zusammen zu beten. Beeindruckend!

Während dieses Gebets stellte ich mir die Frage, warum so ein Miteinander nicht überall auf der Welt möglich sei. Wie viele Menschen wurden und werden mit dem Segen ihres Gottes in Kriege geschickt, in denen es um Macht, Geld, Einfluss und Ressourcen geht? Wie gerne würde ich alle Kriegstreiber mit ihren kranken Gehirnen für einige Zeit hierher, in diesen afrikanischen Busch „sperren", ohne Wasser und Strom, nur mit dieser unberührten Natur und diesen wunderbaren Menschen. Ich dachte an unsere Zukunft und die Zukunft unserer Kinder. Ich wünschte mir, die ganze Welt würde in diesem kleinen Dorf Biga in Kenia unter diesem Mangobaum am Gebet teilnehmen.

Durch ein dreimal wiederholtes „Amen" wurde ich aus meinen Gedanken gerissen.

Nach dem Gebet hielten der Dorfvorsteher und der Chief lange Reden. Danach war ich an der Reihe mit einem kurzen Vortrag über die Wichtigkeit der Bildung für die Zukunft des Landes und über unsere Pläne in Biga, den ich auf Suaheli hielt (drei Tage Vorbereitung mit dem Wörterbuch!). Ich betonte unter anderem, dass wir mit der aktiven Unterstützung der Dorfleitung und der Gemeinde rechneten. Sehr begrüßt wurde die Idee, nachmittags im Kindergarten Alphabetisierungskurse – Kurse für Frauen und auch für ältere Menschen zu organisieren. Dann sagte ein ziemlich alter Mann, er würde sehr gerne diese Kurse besuchen, aber er könne sie nicht bezahlen. Alle jubelten, als sie hörten, dass diese Kurse für die Teilnehmer kostenlos sein würden.

Nach dem offiziellen Teil begann die Feier. Einige Frauen in schönen afrikanischen Trachten führten die für diesen Stamm traditionellen Tänze vor. Die aus Männern bestehende Musikgruppe begleitete das ganze Programm auf mir unbekannten Musikinstrumenten namens Kajamba. Es wurde fröhlich und entspannt gefeiert, viel getanzt, gesungen und gelacht.

Nach ca. zwei Stunden zogen dunkle Wolken auf und plötzlich kam ein sintflutartiger tropischer Regen. Bis alle Anwesenden Zuflucht unter den Dächern der nahliegenden Häuser gefunden hatten, waren alle bis auf die Unterwäsche nass. Die „Biganer" freuten sich besonders über den Regen, da seit zwei Monaten kein Tropfen vom Himmel gekommen war. Alle Frauen rannten in die Häuser, holten kleine und große Gefäße und stellten sie unter die Dächer, um Wasser zu sammeln. Die Freude über den Regen hatte aber noch eine weitere Bedeutung: Es ist für den Stamm der Digo ein sehr gutes Zeichen, wenn es am Anfang eines Vorhabens regnet. Das heißt nämlich, dass alles gut werde – bis zum Ende.

Durch den Regen war der Boden so aufgeweicht, dass eine Fortsetzung des Festes nicht mehr möglich war. Glücklich und lachend machten sich die Menschen auf den Heimweg.

Wir dagegen wussten nicht, wie wir nach Hause kommen sollten, die Straßen waren nach dem starken Regen fast unpassierbar. Als ob unser Taxifahrer unsere Gedanken lesen konnte, kam von ihm der Anruf, dass er schon eine Weile auf uns an der Schule wartete. Er wusste, dass wir im Dorf waren und als er den dunklen Himmel sah, hätte er sich sofort auf den Weg nach Biga gemacht, um uns abzuholen. Er hatte sich Sorgen um uns gemacht. Rührend.

Die meisten Stunden unserer letzten Tage in Kenia verbrachten wir mit unserem Architekten Ali, der sich mehr und mehr zu meinem besten Berater entwickelte. Vor jedem Behördengang saß ich einige Stunden am Abend mit Wörterbüchern in der Hand und bereitete mich auf die Gespräche vor. Den schriftlichen Teil dieser Aufgaben übernahm Ali, der zugleich Architekt, Lehrer, Dolmetscher, Begleiter und einfach ein guter Freund war, mit mir geduldig die Aussprache übte und mich zu den meisten Terminen begleitete. Er kam täglich in unser Haus und wir besprachen die Baupläne, die Kosten und den Ablauf der bevorstehenden Baumaßnahmen.

Drei Monate unseres turbulenten Aufenthaltes gingen schließlich zu Ende. Wir hatten Höhen, Tiefen und viele Katastrophen erlebt, aber daraus auch viel gelernt.

Es war uns voll bewusst, welche Verantwortung wir im Dorf Biga übernommen hatten und wie viel Arbeit auf uns Zuhause wartete. Nun gab es kein Zurück mehr. Die Menschen freuten sich auf eine bessere Zukunft für ihre Kinder und wir würden sie nicht enttäuschen.

Mit vielen guten Nachrichten, Plänen, Ideen und vier Hektar Land flogen wir am 10. März 2006 zurück nach Hause.

Der neue Kindergarten

In Deutschland brauchten wir vorerst einige Tage Abstand von unseren kenianischen Abenteuern. Dann berichteten wir ausführlich unseren Integramus-Mitgliedern über die erzielten Erfolge, Pech und Pannen und zeigten Hunderte von Fotos. Unsere positive Stimmung und der Wunsch sich für die Menschen in Kenia einzusetzen motivierten die anderen Mitglieder ebenso. Gemeinsam machten wir uns an die Arbeit: die oberste Priorität war nun das notwendige Geld für den Bau des Kindergartens aufzutreiben. So wurden verschiedene Aktionen angestoßen. Es wurden Events mit Vorträgen organisiert, Anfragen an verschiedene Stiftungen verschickt und Anträge gestellt sowie durch

Presseartikel um Spenden gebeten. Auch unsere Freunde Christa und Kurt starteten bei sich in Bayern einige Aktivitäten.

Auf Suaheli heißt das „Harambee" und das bedeutet etwa so viel wie „Lasst uns alle zusammen an einem Strang ziehen!". So vergingen acht Monate intensiver Arbeit, die sich gelohnt hatten. Wir konnten die nächste Reise nach Kenia planen und dort mit dem Bau des neuen Gebäudes für den Kindergarten und eines Brunnens beginnen.

Am 05. Dezember 2006 flogen wir für drei Monate nach Kenia. Bei der Ankunft in Mombasa schauten wir uns diesmal unsere Koffer sehr genau an, um sicher zu gehen, dass wir diesmal unsere eigenen mitnahmen.

Wir durften wieder in dem schönen Haus wohnen und als wir eintrafen, warteten schon der Architekt Ali und der Gärtner Abdalla auf uns. Am Eingangstor war als Zeichen der herzlichen Begrüßung ein Blumenherz angebracht und auf dem Tisch auf der Terrasse stand ein großer Früchtekorb mit meinen Lieblingsfrüchten – Papayas, Mangos, Ananas und Babybananen.

Nach kurzer Unterhaltung bedankten wir uns bei unserem Empfangskomitee und ich teilte den Männern mit, dass wir bald mit den Baumaßnahmen beginnen würden. Auf uns alle wartete viel Arbeit. Aber nach dem beschwerlichen und langen Flug wollten Gerhard und ich in den ersten drei Tagen Urlaub machen und nicht gestört werden. Also baten wir keine Meetings abzuhalten und keinen Besuch zu bekommen. Wir müssten uns zuerst von der Reise erholen. Ich bat sie, das zu verstehen.

Ali sah daraufhin etwas traurig aus. Ich merkte, er wollte sofort mit der Projektarbeit anfangen. Der nicht als besonders arbeitseifrig bekannte Abdalla dagegen strahlte, er bekam zusätzlich zu seinen acht Monaten Urlaub noch drei Tage frei.

Die Männer verabschiedeten sich von uns und ich brachte sofort den Früchtekorb von der Terrasse ins Haus, weil ich in der Nähe die Affenbande gesichtet hatte, und genau wusste, warum sie sich auf uns freuten.

Diese Urlaubstage genossen wir in vollen Zügen. Wir schwammen jeden Morgen im seidenweichen Wasser des Indischen Ozeans, bewunderten die einzigartige farbenprächtige Natur und lauschten den Geräuschen der afrikanischen Nächte. Abends beleuchtete der Mond unseren Pool und die Sterne am Himmel schienen so nah zu sein, dass ich den Eindruck hatte, wenn man auf eine hohe Palme kletterte, könnte man einen Stern greifen. Faszinierend.

Der afrikanische Alltag holte uns leider schon am dritten Tag ein. Die Umwälzpumpe des Pools war defekt, die Waschmaschine funktionierte nicht, vier Lampen im Haus brannten nicht mehr, die Wasserpumpe machte komische Geräusche und die Küchenaußentür ließ sich nicht mehr öffnen. Willkommen in Kenia.

Am vierten Tag nach unserem Eintreffen stand Ali schon um 8 Uhr vor der Tür. Er wirkte auf mich sehr aufgeregt. Im Dorf wüssten schon alle, dass wir angekommen waren. Mehrere fragten ihn täglich, wann wir ins Dorf kommen würden und wann die Versammlung stattfinde. Alle warteten auf Mama Luba und Mister Gerhard. Er habe den Menschen versichert, dass alles wie geplant laufe und der Kindergarten bald gebaut werde, berichtete Ali uns. Übermorgen würden wir alle nach Biga gehen. Dort würden alle Details mit dem Dorfvorsteher, dem Rektor der Schule und einigen Dorfältesten besprochen werden. Davor würde Ali gerne mit uns einige offene Fragen klären, er habe alle Papiere mitgebracht. Er hoffte, dass das okay für uns sei.

So wurde aus diesem Tag ein langgezogenes Meeting, das wir nur für die Mittagspause unterbrachen. Es wurden nochmals die Baupläne, Kostenvoranschläge und viele Details des Projektablaufs besprochen. Alis Bauplan musste noch von den Behörden in Kwale genehmigt werden, deshalb wollte er sich am nächsten Tag auf den Weg dorthin machen.

Zum Mittagessen lud uns Ali zu sich nach Hause ein. Er kam mit einem Kleintransporter mit Pritsche und wir fuhren zu seinem Haus nach Ukunda. Unterwegs erzählte uns Ali einiges über sich und seine Familie. Seine Vorfahren wären vor ca. 90 Jahren aus Aserbaidschan nach Kenia ausgewandert. Die ganze Großfamilie mit dem Papa als Oberhaupt (Alis Vater) wohne zusammen, nur seine zwei verheirateten Brüder leben mit ihren Familien in der Nähe. Alle seien im Familienbauunternehmen beschäftigt. Ali selbst lebe nach der Trennung von seiner Frau wieder im Elternhaus. Er habe zwei Kinder: eine Tochter, die mit ihrem Mann und dem Kind in der Hauptstadt Nairobi wohne und einen Sohn, den wir gleich kennen lernen würden. Architektur studierte er zuerst in Nairobi und dann zwei weitere Jahre in New York. Über sein Studium in den USA war ich ziemlich überrascht.

Als wir in seinem Haus eintrafen, saßen neun Personen an einem mit mehreren Speisen und Getränken gedeckten Tisch. Alle begrüßten uns sehr herzlich. Die Kinder wurden sofort an den anderen Tisch gesetzt, um uns Platz zu machen. Alle aßen wie es in Afrika vorwiegend üblich ist mit den Händen. Es lag nur ein Löffel auf dem Tisch, den ich als weiblicher Gast benutzen durfte. Gerhard versuchte den heißen Reis mit Soße mit der Hand zu essen. Es gelang ihm nicht und das meiste fiel wieder auf den Teller oder daneben. Die Kinder lachten darüber sehr herzlich und zeigten uns, wie man Reis mit einer Hand essen kann. Dann brachte die Hausherrin doch noch einen Löffel aus der Küche.

Insbesondere der Vater interessierte sich für uns. Er fragte uns aus und so erzählten wir ihm zuerst über unser Vorhaben in Biga, dann unterhielten wir uns über viele verschiedene Themen. Es herrschte eine sehr angenehme und entspannte Atmosphäre. Ich fühlte mich wie Zuhause.

Da auf uns noch viel Arbeit wartete, verabschiedeten wir uns von diesen netten und freundlichen Menschen. Alis Vater mussten wir versprechen bald wiederzukommen.

Zwei Tage später fand die große Versammlung in Bigas „Rathaus" statt. Es wurde wie immer viel geredet und diskutiert. Zum Schluss einigten sich alle Anwesenden auf konkrete Schritte bei unserem Projekt: in drei Tagen sollte mit der Vorbereitung und Rodung des Grundstücks, dem Bau des Brunnens sowie der Gruben für das Drei-Kammer-Abwassersystem der Toiletten begonnen werden. Auf meinen Vorschlag hin, dass einige junge Männer aus dem Dorf auf der Baustelle mithelfen sollten, um dabei die Grundlagen für den Maurerberuf zu erlernen, reagierten alle mit Jubel. Es meldeten sich gleich acht Jugendliche als freiwillige Azubis.

In den nachfolgenden Tagen begann die Rodung des Grundstücks.

Jeden Abend saßen wir mit Ali zusammen und berieten detailliert die nächsten Schritte. Bei diesen Besprechungen tauchten einige finanzielle Unbekannte auf, die mir Sorgen bereiteten.

Als Erstes waren es die Kosten für den Brunnen, die von der Tiefe des Grundwasserspiegels abhingen. Die Kosten für den Zaun gehörten auch dazu. Die Idee von einigen Dorfbewohner einen Zaun aus Stacheldraht zu errichten, was die billigste Lösung wäre, lehnten wir ohne zu diskutieren ab. Wir wollten ein Bildungszentrum und kein Gefängnis bauen.

Zudem stellte sich heraus, dass wir auch andere Punkte in Deutschland nicht bedacht hatten, was an der uns fehlenden Erfahrung lag. Vor Ort sah man die Dinge aus einem anderen Blickwinkel. Beispielsweise dachten wir bei der Planung an drei Toiletten, eine für Mädchen, eine für Jungen, eine für Lehrer und Erwachsene. Aber Erwachsene sind auch weiblich und männlich, d. h., wir müssten vier WCs bauen.

Zu diesem Zeitpunkt hatten wir die Zusage einer Münchner Stiftung für die Finanzierung von zwei Klassenräumen. Gebaut werden mussten aber noch ein Raum für die Küche, ein Büroraum, eventuell noch ein Sanitätsraum und auf jeden Fall eine große Terrasse. Aus praktischen Gründen war es aber sinnvoll, gleich das Fundament für alle Räume und für die Terrasse zu bauen.

Ebenfalls hatten wir nicht daran gedacht, dass auf der Baustelle für zwei Monate ein Askari (Nachtwächter) gebraucht werden würde, da das Baumaterial in der Nacht gestohlen werden könnte. Es gab keine Möglichkeit es irgendwo anders sicher zu lagern.

Das nächste Problem stellte die Straße dar – wenn man die zwei Kilometer des engen Fußweges von der Hauptstraße zu unserer Baustelle als Straße bezeichnen konnte. Kein Taxifahrer wollte dorthin fahren mit der Begründung, dass man zu Fuß schneller hinkäme und das Auto viel zu schade wäre, um damit durch den Busch zu fahren. Unser Problem aber bestand eher darin, dass die Baufahrzeuge nicht hinfahren konnten. Ali meinte, dass der tägliche Umweg von ca. 25 km die geplanten Fahrtkosten in unbekannte Höhen treiben würde.

Viele Fragen, über die wir uns während der Weihnachtzeit den Kopf zerbrechen mussten, und für die eine Lösung erforderlich war. In Kenia waren zu dieser Zeit Ferien, d. h., die Baumaßnahmen konnten erst am 02. Januar beginnen.

Sehr wichtig und notwendig war für uns so schnell wie möglich ein Bankkonto zu eröffnen, damit Geld aus Deutschland überwiesen werden konnte. Zu unserem Glück war die Barclays Bank zwischen Weihnachten und Neujahr geöffnet. Der Wechselkurs bei dieser Bank war zwar ziemlich schlecht, dafür war sie aber nach unseren Recherchen die sicherste Bank in Kenia.

Ali erklärte sich bereit uns auf die Bank zu begleiten, um uns beim Ausfüllen der Formulare zu unterstützen. Dort kam auf uns das erste Problem zu. Bei der Einreise nach Kenia hatten die Grenzbeamten in Gerhards Pass ein Visum durch einen Stempel erteilt. Was wir aber nicht bemerkt hatten, dass das Visum nicht ausgefüllt worden war. Wir hätten bei der Ausreise große Probleme bekommen. Im Moment hieß das, Gerhard befand sich halb-illegal in Kenia und durfte selbstverständlich kein Konto eröffnen. Das bedeutete, man musste mit allen Papieren, Tickets usw. wieder zum Flughafen nach Mombasa fahren und die Angaben nachtragen lassen.

Das zweite Problem war, dass wir als Touristen einen Bürgen brauchten, der auf dieser Bank ein Konto hatte und die kenianische Staatsbürgerschaft besaß. Derjenige müsste einige Formulare ausfüllen und unterschreiben.

Was hätten wir ohne Alis Hilfe gemacht? Er fuhr nach Mombasa und regelte am Flughafen mit viel Zeitaufwand und nicht ohne Ärger alles mit Gerhards Pass. Er war auch bereit für uns auf der Bank als Bürge aufzutreten, hatte aber selbst kein Konto bei dieser Bank. Da zeigten sich die Vorteile einer Großfamilie. Ali bat seinen älteren Bruder für uns zu bürgen. Dieser opferte seine Zeit und ertrug geduldig die über zwei Stunden dauernde Prozedur der Kontoeröffnung. Danach wurden alle Papiere in die Bankzentrale nach Nairobi geschickt und nach einer Woche hatten wir ein Konto.

Die Arbeiten auf unserer Baustelle liefen ab dem 02. Januar auf Hochtouren. Fast jeden Tag ging ich tagsüber dorthin. Abends kam Ali in unser Haus und wir besprachen das weitere Vorgehen. Am meisten ärgerte sich Ali über den Transport des Baumaterials. Der Zustand der „Straße" nach Biga erschwerte die Arbeit, trieb die Fahrtkosten in die Höhe und verlangsamte das ganze Projekt.

An einem Tag wollte der Lastwagenfahrer den Weg verkürzen - mit verheerenden Folgen. Der voll mit 50 kg schweren Zementsäcken beladene Lkw fuhr in ein sehr tiefes Loch, blieb stecken und die vordere Achse brach. Alle Zementsäcke mussten auf Schultern zur Baustelle getragen werden. Um den Laster herauszuschieben, wurden alle verfügbaren Männer aus dem Dorf geholt. Bei 45 Grad war das eine schweißtreibende und sehr gefährliche Aktion.

Integramus-Straße

So konnte es nicht weitergehen. Deshalb beschlossen wir zum zuständigen „Straßenbauamt" in die Bezirksstadt Kwale zu fahren, in der Hoffnung dort Unterstützung für den Ausbau einer Straße zu bekommen. Der Ortsvorsteher von Biga war unserer Idee gegenüber sehr skeptisch: das bringe doch nichts. Trotzdem überredeten wir ihn mitzukommen.

Wie immer vor solchen Terminen saß ich den ganzen Abend mit allen vorhandenen Wörterbüchern in der Hand und bereitete mein Anliegen auf Suaheli vor. Englisch überließ ich meinem Mann und Ali.

So fuhr unsere kleine Delegation entschlossen und mit einem konkreten Ziel nach Kwale. Nach langer Suche fanden wir das „Straßenbauamt". Der Chef des Bauamtes, ein Ingenieur, empfing uns sofort, wenngleich wir erfahren hatten, dass die Einheimischen bei ihm manchmal einige Monate auf einen Termin warten mussten. Der Mann hatte keine Ahnung, was wir von ihm wollten, und guckte uns einerseits ziemlich misstrauisch, andererseits interessiert an.

Da ich die einzige Frau in der Gruppe war, stellte ich mich zuerst auf Suaheli, dann auf Englisch vor. Darauf entschuldigte ich mich für mein Suaheli und trug mein Anliegen vor, womit ich den Mann auch wegen meines Durcheinanders zu einem leichten Lächeln brachte. Dann stellte sich Gerhard vor und sagte ihm, ohne viel zu erklären, dass wir seine Hilfe bräuchten. Der Ingenieur schaute unsere Delegation amüsiert an und konnte dennoch nicht verstehen, was wir von ihm wollten.

Dann kam Ali zum Wort und schilderte etwas professioneller unsere Absichten. Ich holte alle Zeitungsartikel aus Deutschland über unser Projekt aus meiner Tasche und legte sie auf seinen Tisch. Dabei betonte ich, dass die Kindererziehung und Alphabetisierungskurse für die Zukunft Kenias sehr wichtig wären. Er solle auch seinen Beitrag dazu leisten und die „Straße" nach Biga reparieren lassen oder uns soweit behilflich sein, dass wir einen Traktor bekämen.

Der Ingenieur schaute dann in seine Landkarten und meinte, dass es keine Straße zwischen Biga und Diani gebe, wahrscheinlich nur einen Fußweg und da könne er keine Straße bauen, weil alles einige Monate, sogar Jahre im Voraus geplant werden müsse. Seinen einzigen Straßenreparaturtraktor mit Straßenhobel könnten wir vielleicht nächsten Monat für einen Tag bekommen, wenn wir alle damit verbundenen Kosten übernehmen würden.

Aus dem Bürofenster sahen wir draußen im Hof einen Straßenhobel stehen. Ich fragte, ob dieser schon für morgen verplant wäre. Den verblüfften Gesichtsausdruck des Ingenieurs hätte man sehen sollen. Sofort kamen mir Ali und Gerhard zu Hilfe und erklärten dem Mann nochmals, wie wichtig es für unser Projekt wäre so schnell wie möglich die Straße auszubauen. Unter anderem auch deshalb, weil wir in einem Monat abreisen müssten und nicht wollten, dass sich das Projekt um ein Jahr verschieben würde.

Der Mann war von unserer Dreistigkeit überrollt. Er schwieg und schaute jeden von uns skeptisch an. Dann nahm er nach einer gewissen Bedenkzeit das Telefon in die Hand und unterhielt sich mit jemandem. Danach teilte er uns lächelnd mit, dass wir morgen den Straßenhobel haben könnten. Er bat uns, ihm unsere Telefonnummer aufzuschreiben, er rufe uns morgen an und würde uns sagen, wann das Fahrzeug nach Ukunda komme.

Überglücklich fuhren wir nach so einem Erfolg zurück Richtung Diani Beach. Erst im Auto meldete sich der Dorfvorsteher, der während der ganzen Unterhaltung im Bauamt schweigend in einer Ecke stand mit den Worten, dass wir verrückt seien. In dieser Weise mit einem Ingenieur, einer so wichtigen Person zu reden, erlaube sich in Kenia niemand.

Unterwegs beschlossen wir zu Feier des Tages in unserem afrikanischen Lieblingsrestaurant anzuhalten. Voller Stolz besprachen wir das Erlebte und erzählten den dort Anwesenden und uns inzwischen bekannten Europäern davon. Leider lachten uns die meisten aus und fragten, ob wir wirklich daran glaubten oder wie viel Schmiergeld wir bezahlt hätten.

Solche Menschen kannten wir von früher. Das sind die in Kenia lebenden älteren weißen Männer, die den ganzen Tag in der Kneipe verbringen. Manche bringen ihre sehr jungen kenianischen Begleiterinnen mit, welche gewissermaßen zur Generation ihrer Enkelkinder gehören. Wenn man mit einem von diesen Männern etwas Wichtiges besprechen muss, dann sollte man das nur am Vormittag tun, weil die Herren am Abend nicht mehr ansprechbar sind. Ich wunderte mich immer, wie man bei diesem tropischen Klima so viel Alkohol trinken konnte. Danach fahren manche sogar noch total betrunken mit dem Auto nach Hause.

Bei unserem ersten Aufenthalt in Kenia waren wir leider öfter in die Gesellschaft solcher Menschen geraten, weil einige der Männer uns Hilfe bei unseren Projekten angeboten hatten. Wir verfügten über keinerlei Erfahrung in diesem Land und vertrauten den Aussagen unserer Landsleute. Je mehr Alkohol getrunken wurde, desto mehr Versprechungen wurden abgegeben. Da ich bei diesen Gesprächen keinen Alkohol trank, wurde ich als erste von unserer „Blauäugigkeit" befreit. Ich verstand, dass es nur leere Versprechungen waren und die Herrschaften sich gerne die Unmenge an Getränken bezahlen lassen wollten. Deshalb grenzten wir diese Kontakte soweit es ging ein.

An diesem erfolgreichen Tag ließen wir uns die Stimmung nicht verderben und voller Erwartung auf den nächsten Tag verließen wir das Lokal und gingen in unsere Quartiere.

Am nächsten Morgen um 7 Uhr klingelte mein Handy. Der Chef des Bauamtes begrüßte mich sehr freundlich und sagte, dass der Straßenhobel in einer Stunde in Ukunda an der Tankstelle sein werde. Jemand müsse auf ihn warten und dann mitfahren, um zu zeigen, wo sich der Weg befinde, welcher zur Straße gemacht werden solle. Ich rief sofort Ali an, der sich gleich auf den Weg machte. Drei Stunden später läutete mein Telefon erneut. Ali fragte, ob ich sehen wolle, was aus dem Fußweg gemacht werde. Selbstverständlich wollte ich das! Er holte mich ab und bis zum späten Nachmittag beobachtete ich die Arbeit und fuhr sogar auf dem Straßenhobel mit.

Es war faszinierend zu erleben, was aus diesem schmalen Fußweg entstand. Die vorbeigehenden Dorfbewohner blieben oft stehen und unterhielten sich freudestrahlend mal mit Ali, mal mit mir. Sie konnten kaum glauben, dass jetzt eine Straße zum Dorf führen würde. Einen Namen für die Straße hatten manche auch parat: Mama Luba Street.

Die Straße war nicht nur für unsere Baustelle wichtig. Die Menschen in Biga freuten sich sehr darüber, dass auch sie jetzt einiges transportieren konnten. Darüber hinaus entstand so eine Verbindungsstraße zwischen zwei großen Hauptstraßen: zwischen der Diani Street und der Hauptstraße von Mombasa nach Tansania.

Es war unbeschreiblich, was wir in diesen letzten zwei Tagen erreicht hatten. So viele positive Erfolgserlebnisse musste ich selbst erst verarbeiten.

In den nächsten vier Wochen gingen die Arbeiten an unserer Baustelle ganz gut voran. Die Fundamente waren fast fertig, der Brunnen beschenkte uns und die Dorfbewohner mit gutem Trinkwasser. Sehr rührend war, wie sich die Frauen aus Biga jeden Tag um die Arbeiter kümmerten und die Männer mit Essen versorgten.

Als unsere Tochter Christina, die erste Vorsitzende des Vereins und in Kenia sehr liebevoll Ms. President genannt, uns besuchte und auf der Baustelle an der Grundsteinlegung teilnahm, arbeiteten die jungen Männer danach besonders fleißig. Jeder wollte sich von seiner besten Seite zeigen. Ich konnte mich danach vor Heiratsanträgen nicht retten. Ich als Mutter wurde zuerst gefragt, ob ich einer Heirat meiner Tochter zustimmen würde. Ich versuchte, die mir etwas peinlichen Situationen mit Ausreden und Humor zu meistern. Bei vielen „Schwiegersohn-Anwärtern" kam das nicht gut an, weil sie es wirklich ernst meinten. Dass Christina zuerst gefragt werden müsse und dass sie ganz allein entscheide, ob und wen und wann sie heiratet, konnten die Männer nicht verstehen und blieben eine Weile beleidigt.

Alle bedauerten sehr, dass Christina nur zwei Wochen bleiben konnte. Ihre liebenswerte Art und ihre Fähigkeit die Arbeiter zu motivieren führten dazu, dass nach diesen zwei Wochen die Wände des Kindergartens schon fertig dastanden.

Leider vergingen diese drei Monate unseres Aufenthalts wie im Flug. Die Kinder konnten noch nicht in den neuen Kindergarten umziehen. Es gab noch viel Arbeit im und ums Gebäude herum. In einem Baumarkt in Mombasa suchte ich mit Ali schöne blaue Dachbleche aus. Die Dach- und anderen Arbeiten wurden ohne unsere Anwesenheit fortgeführt.

Im Laufe aller dieser Aktivitäten erlebten wir und die Dorfbewohner die faszinierende Zeit der Entstehung und Durchführung eines großen Projekts, die Hoffnung ins Dorf brachte und für nachhaltige Bildung der Kinder und Erwachsenen sorgen sollte.

Eröffnung des Kindergartens

Am 01. Mai 2007 bekamen wir in Deutschland eine kurze E-Mail von Ali mit einigen Fotos und folgender Mitteilung: 95 Kinder seien da. Es sei das schönste Bildungszentrum in Kenia: die Integramus-Academy Biga. Die offizielle Einweihung würde stattfinden, wenn wir wieder nach Kenia kämen. Alle würden auf uns warten. Gott solle uns und Integramus segnen.

Ende August reisten wir zur feierlichen Eröffnung des Kindergartens nach Kenia. Diesmal war es möglich, dass noch ein Mitglied des Vereins, meine Schwester Vera, dabei sein konnte.

Schon von weitem sahen wir das blaue Dach unseres Gebäudes. Mein Herz schlug schneller. Es schien wirklich das schönste Bildungszentrum zu sein, das ich je in Kenia gesehen hatte.

Als wir aus dem Taxi ausgestiegen waren, hörten wir Geschrei aus den Räumen: „Mama Luba." Dann rannten die Kinder aus den Klassen heraus und umzingelten uns. Alle versuchten sich an unsere Arme zu hängen. Es dauerte eine Weile, bis die Erzieherinnen die Kleinen beruhigen und zurück in die Klassenräume befördern konnten. Die Geschenke wurden von unseren zwei Mitarbeitern (beide hießen Bakari) aus dem Auto geladen und ins Büro gebracht. Dort warteten auf uns der Architekt Ali, der Dorfvorsteher und sechs Dorfbewohner, die sich als Elternräte vorgestellt hatten. Im ersten Klassenraum, den wir besichtigten, stand auf der Tafel:

Das ganze Gebäude übte auf mich eine hypnotische Faszination aus. Die blaue Farbe des Daches passte so gut zum afrikanischen Himmel. Die frisch gestrichenen weißen Wände reflektierten die Helligkeit in allen Räumen. Die Möbel rochen nach frischem Holz. Aber das Allerschönste waren die fröhlichen Gesichter unserer Kinder und Mitarbeiter. Sie strahlten vor Glück und Zufriedenheit.

Bei der weiteren gemeinsamen Besichtigung der Anlage sah ich in der Ecke des Grundstücks eine improvisierte offene Küche. Da wir bei der Planung des Gebäudes auch an einen Raum für die Küche gedacht hatten, fragte ich den

Architekten, ob das hier eine vorübergehende Lösung wäre. „Nein Luba, nicht vorübergehend. Die Frauen aus dem Dorf, die wir als Köchinnen eingestellt haben, können nur in solchen Küchen kochen. Etwas anderes kennen sie nicht. Ich glaube, wir müssen hier noch eine Außenküche bauen, in der die Frauen auf dem gewohnten offenen Feuer kochen können", lautete seine Antwort.

Wie jedes Mal war Kenia für Überraschungen gut. Wie jedes Mal habe ich etwas gelernt. Die Frauen kennen nur offenes Feuer und keine modernen Herdplatten. Daran hätten wir denken müssen. So wurde später der für die Küche geplante Raum in einen Sanitätsraum umfunktioniert.

In der anderen Ecke des Grundstücks standen einige aus Plastikflaschen gefertigte Töpfe mit verschiedenen Pflanzen. Es waren einige schöne Palmen und Bäume, die an diesem Tag im Garten eingepflanzt werden würden. Es ist eine Tradition dort, dass alle Beteiligten etwas anpflanzen. „Da hinten ist dein Baum", streckte Ali die Hand und zeigte in Richtung der Pflanzen. Lächelnd drückte er mir einen Spaten in die Hand. Ich durfte als Erste graben und ein mir unbekanntes Gewächs einsetzen. Dann kam meine Schwester Vera und setzte eine Palme ein. Am Schluss pflanzte Gerhard ein kleines Bäumchen.

Danach saßen wir in unserem neuen Büro und besprachen viele Dinge, die in erster Linie den Ablauf des Kindergartenbetriebs betrafen. Wir erfuhren, dass viele Kinder mit ansteckenden Parasiten, die hier Jiggers genannt werden, in den Kindergarten kamen. Das sind Fußwürmer, die sich durch das Fußfleisch fressen. Als prophylaktische Lösung wurde vom Elternrat vorgeschlagen ein Fußbecken am Eingang des Kindergartens zu bauen. Alle Kinder müssten vor dem Betreten der Klassenräume durch ein Desinfektionsbad gehen und das solange, bis der Parasit bei allen Kindern ausgerottet war. Diese Art der Prophylaxe und Bekämpfung von Fußwürmern hatte sich sehr bewährt. Vorerst musste allerdings ein Arzt alle Kinder untersuchen und den Mitarbeitern Anweisungen geben wie man solche Desinfektionsmittel anwendet. Darauf folgten Themen wie der Ablauf des Unterrichts, die noch fehlenden Bauten wie Zaun und Spielplatz sowie organisatorische Fragen zu den Alphabetisierungskursen. Es wurden viele Pläne für die Zukunft unserer Akademie geschmiedet.

Die Integramus-Academy heute

Seit ihrer Eröffnung ist die Integramus-Academy zu einer im Dorf Biga etablierten Institution geworden. Sie bietet Raum für den Kindergarten, aber auch für Erwachsenenbildung in Form von Alphabetisierungskursen.

Der Kindergarten ermöglicht Kindern zwischen zweieinhalb und sieben Jahren, die in drei altersgerechte Klassen eingeteilt sind, täglichen Unterricht. Die Kleinen beginnen schon in der ersten Klasse, d. h. im Alter von zweieinhalb bis drei Jahren mit dem Lesen und Schreiben sowie den Grundlagen der Mathematik und Englisch. Damit werden die Kinder auf die Schule vorbereitet. Die Kinder der Vorschulklasse legen jedes Jahr eine Prüfung ab und bekommen ein Zeugnis, das sie für die Primary Schule benötigen. Die meisten von ihnen gehen anschließend in die benachbarte Schule und neue kleine Kinder aus dem Dorf kommen zu uns, wobei in erster Linie Waisen und Halbwaisen aufgenommen werden.

Die Kinder bekommen jeden Tag zum Frühstück einen flüssigen Brei aus Maismehl, Porridge genannt, und zum Mittagessen eine warme Mahlzeit bestehend aus Reis und Bohnen. Und sie trinken jeden Tag sauberes Wasser. Alle Kinder werden bei der Aufnahme in den Kindergarten mit Uniformen, Schuhen und Unterwäsche ausgestattet. Sie werden ärztlich untersucht und bekommen auch später eine qualifizierte medizinische Versorgung.

Ein Jahr nach der Eröffnung unseres neuen Kindergartens wurde ich bei der Elternversammlung von vielen Eltern mit dem Vorwurf konfrontiert, dass sie mit den Kindern Probleme bekommen hätten. Die Kleinen wollen jetzt vor dem Essen Hände waschen und nicht mehr in den Busch zur Toilette gehen. Sie verlangen, dass die Eltern solche Toiletten wie im Kindergarten bauen.

Ich bin sehr glücklich und sehr stolz auf unseren Integramus e. V., auf unsere Integramus-Academy in Biga und besonders darauf, dass unser Engagement Früchte trägt.

Unser Engagement und unser Team in Bildern

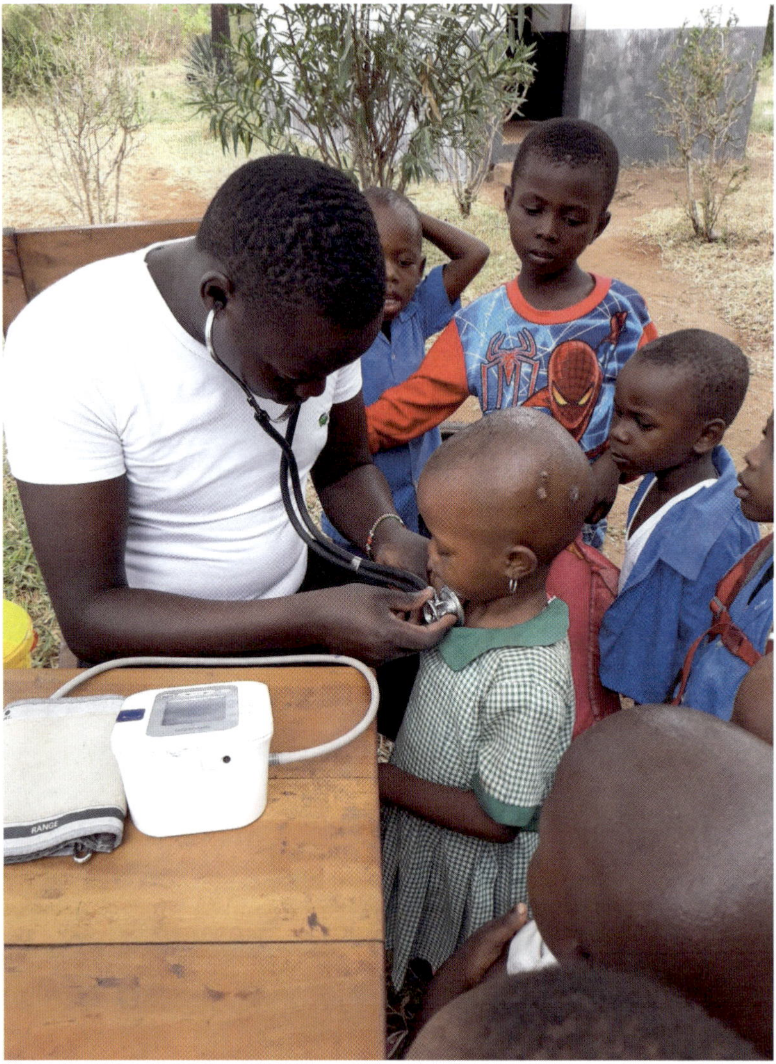
RANGE

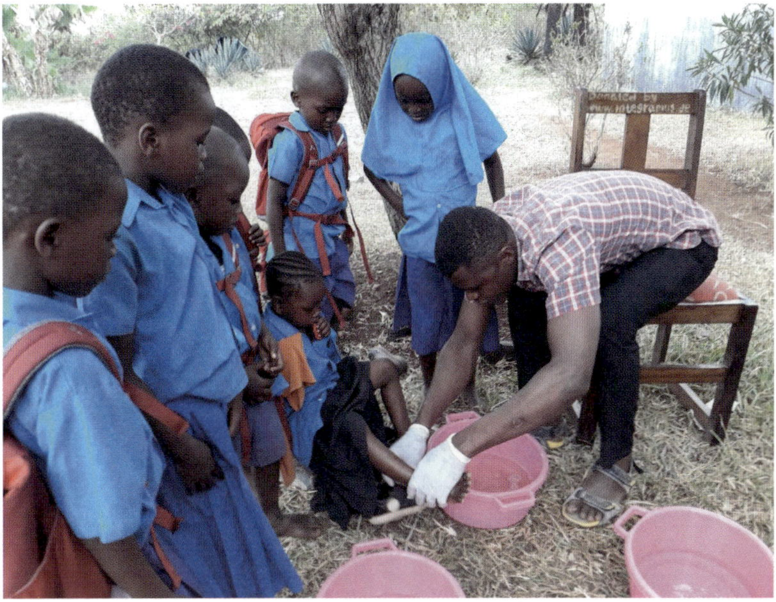

Integramus e.V.
Verein für Integration von ausländischen Mitbürgern
und für Förderung der Entwicklungshilfe

1 2 3 4 5 6 7 8 9 10

ball

Integramus
72768

Integramus e.V.
Verein für Integration von ausländischen Mitbürgern
und für Förderung der Entwicklungshilfe

Um die Kinder in Afrika zum Lachen zu bringen, braucht man nicht viel: eine warme Mahlzeit am Tag, sauberes Trinkwasser, eine Uniform für die Schule, einige Stifte und Hefte, ein Paar Schuhe und immer wieder Medikamente. Dabei sind wir auf Spenden angewiesen, damit die begonnenen Projekte fortgeführt werden können.

Mit bereits 30 Euro am Tag kann man
ein warmes Essen für 90 Kinder finanzieren.

Wenn Sie, liebe Leserinnen und Leser, bereit wären, nur für einen Tag die finanzielle Verantwortung zu übernehmen, müssten wir uns nur noch um die Finanzierung der restlichen Tage des Jahres kümmern.

Die Kinder danken Ihnen mit unvergesslich strahlenden Augen!

Mein erster Deutschkurs

Kenia, 2006

Nachdem unserem Verein im Februar 2006 bei einer großen Dorfversammlung in Biga ein Grundstück für den Kindergartenbau zugeteilt und zudem von vielen jungen Leuten der Wunsch geäußert worden war, eine Fremdsprache zu lernen, lag es auf der Hand, Sprachkurse zu organisieren. Am besten für Deutsch. Die Erklärung dafür war einfach: mit Fremdsprachenkenntnissen hat man bessere Chancen einen Arbeitsplatz in den Hotels oder Privathaushalten der Schweizer oder Deutschen, die in Kenia leben, zu bekommen. Da die meisten im Dorf aus armen Verhältnissen kamen, konnten sie sich keine Sprachkurse leisten.

Im Dezember 2006 konnten wir den Dorfbewohnern kostenlose Alphabetisierungs- und Deutschkurse anbieten.

Die Vorbereitung für den ersten Deutschkurs begann. Der Rektor der Primary School in Biga stellte uns einen Raum in der Schule zur Verfügung. Helen verbreitete über das Buschtelefon die Nachricht über den Beginn des ersten Deutschkurses und sie teilte mir mit, dass sich sehr viele Teilnehmer für den Kurs angemeldet hätten.

Am vereinbarten Mittwoch kam ich kurz vor der ausgemachten Zeit in die Schule und traf außer Helen niemanden an. Schon wieder war Warten und Hoffen angesagt.

Nach 20 Minuten kamen zwei junge Männer und erkundigten sich, wo der Deutschkurs stattfinden würde. In den nächsten 20 Minuten kamen noch drei Männer. Nach einer Stunde begannen wir den Unterricht mit 15 Teilnehmern und als ich nach 2 Stunden die erste Lektion beenden wollte, kamen immer mehr wissbegierige Dorfbewohner. Am Schluss waren es an diesem Tag 35 und wir lernten zusammen das Wort Pünktlichkeit. Mit der Aussprache hatten die meisten Teilnehmer große Schwierigkeiten, aber nach einer halben Stunde fleißiger Übung konnte man im Großen und Ganzen verstehen, was gemeint war.

Es war umso peinlicher für mich, als ich zum nächsten Unterricht 15 Minuten zu spät kam, weil mich der Taxifahrer versetzt hatte, und ich den ganzen langen Weg von 5 km zu Fuß bewältigen musste. Die Gruppe begrüßte mich statt mit

„Guten Tag" mit dem Wort „Pünktlichkeit". „Du hast dich in Kenia gut eingelebt und angepasst", meinte der älteste Teilnehmer, „jetzt bist du eine von uns."

Dann erzählte ich mit Hilfe eines Dolmetschers (manche Teilnehmer hatten ziemlich gute Deutschkenntnisse), dass ich von der weltberühmten deutschen Pünktlichkeit schon in der Ukraine gehört hätte, als ich noch klein war. Mein Vater erzählte mir sehr oft, dass man bei den Deutschen viel lernen kann, und wenn ein Deutscher verspricht, um 14 Uhr zu kommen, dann ist er schon 10 Minuten früher da. Die Ukrainer dagegen ähneln mehr den Franzosen und wie ich sah, den Kenianern. Besonders bei privaten Treffen nehmen sie es nicht so ernst rechtzeitig zu erscheinen. Die Klasse lachte sehr lange.

Als ich mir an diesem Tag meine Gruppe genauer anschaute, sah ich, dass wieder einige neue Teilnehmer dazugekommen waren. An den kleinen Schulbänken saßen mal drei, mal vier Erwachsene. Mich freute sehr, dass auch viele Frauen dabei waren.

Die Anwesenheitsliste wurde weitergereicht und ich beobachtete, dass die älteren Frauen einen Nachbarn baten, ihren Namen einzutragen. Ich fragte nach. Die meisten Anwesenden konnten nicht lesen und schreiben. Die Verständigung war auch noch deswegen schwierig, weil die Frauen fast kein Englisch sprachen. Bei jedem Satz musste ich warten, bis jemand ihn ins Suaheli übersetzte. Dieser „jemand" war jedes Mal eine andere Person. Nach einer Stunde wusste ich nicht mehr, ob und wie ich unterrichten sollte.

Auf meinen Vorschlag, zuerst einen Alphabetisierungskurs zu besuchen, und im nächsten Jahr mit Deutsch zu beginnen, reagierte eine Frau mit folgender Argumentation: „Es ist doch nicht wichtig, in welcher Sprache wir die Buchstaben und Zahlen lernen. So eine Möglichkeit hier im Dorf in die Schule zu gehen, sozusagen direkt vor der Haustür und dazu noch kostenfrei, gibt es sobald nicht wieder. Die Zahlen schreibt man auch in allen drei Sprachen gleich. Heute werden wir doch die Zahlen lernen. Du verbesserst dein Suaheli, Mama Luba, und wir lernen Deutsch und Englisch." Alle lachten und wir begannen zu zählen.

Dieser Wille, in einem muslimisch geprägten Dorf als Frau etwas zu lernen, faszinierte mich sehr. Ich beobachtete, wie mühsam die Frauen die Zahlen in ihre Hefte malten, wie fleißig sie alles wiederholten und wie sie sich ärgerten, wenn die Aussprache von Umlauten bei den Zahlen „fünf" und „zwölf" nicht funktionierte.

Der Unterricht wurde immer wieder unterbrochen, weil neue Teilnehmer dazukamen. Am Ende des Unterrichts gab es keine Sitzplätze mehr und die letzten mussten stehen. Mir wurde klar, dass ich hier grundsätzlich alles ändern musste. Ich wusste aber in diesem Moment nicht wie.

Nach Hause begleiteten mich immer einige meiner Schüler; aus Sorge, dass Mama Luba unterwegs etwas zustoßen könnte. Erschöpft und dennoch glücklich erzählte ich meinem Mann von meinen heutigen Erfahrungen als Lehrerin in Kenia. Auch besprachen wir das Problem des Unterrichts. Unsere gemeinsame Arbeit in unserer deutschen Sprachschule kam uns jetzt zugute. Wir beschlossen ähnlich wie in Deutschland vorzugehen: ich unterrichtete die Anfänger und Analphabeten, mein Mann übernahm die Fortgeschrittenen.

Als wir am nächsten Tag zu zweit in der Schule erschienen, mussten wir zuerst den Schulleiter um einen zweiten Raum bitten. „Sie können nachmittags die ganze Schule benutzen. Es ist schön, dass die Erwachsenen so viel Interesse an Bildung zeigen. Dann werden diese Eltern auch unsere Arbeit in Zukunft mehr unterstützen. Ich freue mich sehr, dass Sie diese Kurse organisiert haben. Schade, dass sie nicht das ganze Jahr stattfinden können. Auf meine Unterstützung können Sie, lieber Mister Maier und Madam Luba, immer zählen". So lautete die Antwort des Rektors.

Die Klasse war wie am Vortag voll. Ich schätzte, es waren etwa 60 bis 70 Menschen anwesend. Als wir eintrafen, wurde es sofort ruhig und dann kam die laute Begrüßung: „Guten Tag, Luba, deutsche Pünktlichkeit!"

Ich musste mich sehr beherrschen, nicht zu lachen, und sagte nur: „Guten Tag."

Mein Mann begrüßte die Klasse mit breitem Lächeln und verkündete dann Folgendes: „Ich heiße Gerhard Maier und bin ab heute der zweite Deutschlehrer. Luba und ich haben beschlossen, die Klasse zu teilen. Diejenigen, die keine Deutschkenntnisse haben, bleiben in diesem Raum. Alle, die mich jetzt verstanden haben, bitte ich mit mir in das andere Klassenzimmer mitzukommen." Einige Männer erhoben sich langsam und gingen aus dem Raum, die anderen schauten unsicher zu mir. Ich bat einen älteren Mann, von dem ich wusste, dass er viele Jahre bei einer deutschen Familie gearbeitet hatte und ziemlich gut Deutsch sprach, den Gebliebenen auf Suaheli zu erklären, worum es ging. Die größere Gruppe blieb bei mir, vor allem alle Frauen, und wir begannen die Zahlen zu wiederholen.

Zuhause erzählte mein Mann mit großer Begeisterung, wie sein Unterricht verlief. Seine Schüler konnten sehr viele neue Vokabeln lernen. Er begann den Unterricht mit der Frage, wer nach Deutschland auswandern wolle. Alle, ohne Ausnahme, hoben beide Hände hoch. Auf die Frage warum, kam die Antwort, um gut zu leben.

Die darauffolgenden Unterhaltungen und teils heftigen Diskussionen bestätigten die Vermutung, dass die meisten Afrikaner keine Vorstellung vom Leben und den Problemen in Europa hatten. Mein Mann zählte die Vor- und Nachteile auf, die einen Asylbewerber in Deutschland erwarteten. Er verschwieg auch nicht den gefährlichen, teuren und meistens kriminellen Weg nach Europa.

Es kamen dann viele Fragen zum Arbeits- und Wohnungsmarkt, zu den Preisen, zur Mentalität. Mein Mann, von Beruf Betriebswirt, schrieb auf, wie viel ein Diplomingenieur, ein Facharbeiter oder ein einfacher Arbeiter verdienen würden, was sie zum Leben bräuchten und wie viel ihnen übrigbliebe. Auf die Frage, welchen Beruf die Anwesenden erlernt hätten, kam nur Schweigen und ernstes Nachdenken. Die nächste Frage, wie sich die Anwesenden vorstellen ohne Beruf und mit bescheidenen Sprachkenntnissen in Deutschland Geld zu verdienen, wurde auch nur mit Schweigen beantwortet.

Der Unterricht war viel zu kurz, um dieses große Problem zu erläutern. Am Ende stellte mein Mann nochmals die gleiche Frage, wer nach Deutschland wolle. Nur einige jüngere Teilnehmer hoben die Hand mit dem Kommentar, sich nach dem Kursende endgültig entscheiden zu wollen.

In den nachfolgenden Unterrichtsstunden besprachen wir auch das Thema „Kinder". In Kenia herrscht nach wie vor die alte und zum größten Teil religiös bedingte Einstellung, viele Kinder haben zu müssen, damit man im Alter versorgt werde. Mein Mann versuchte zu verdeutlichen, dass wenn man nur zwei, drei Kinder hätte und ihnen eine gute Ausbildung in Kenia ermöglichen würde, diese eine bessere Zukunft für sich selbst hätten und auch für ihre Eltern besser sorgen könnten als sieben, acht Kinder ohne Arbeit. Daraufhin überdachten viele, besonders jüngere Teilnehmer ihre Einstellung. Auf jeden Fall wurden viele Teilnehmer zum Nachdenken angeregt.

Beim nächsten Unterricht sprachen wir in beiden Gruppen über Hygiene. Viele Teilnehmer kannten das Wort nicht. So mussten wir zum Teil mit Händen und Füßen die Bedeutung des Begriffs verständlich machen. In erster Linie erklärten wir die Notwendigkeit eines festen Platzes für Notdürfte und hoben die Wichtigkeit der Körperhygiene, insbesondere des Händewaschens hervor. Die Reaktionen der Kursteilnehmer waren sehr unterschiedlich und überraschten uns nicht besonders. Da viele der Teilnehmer Wasser aus mehreren Kilometer entfernten Brunnen holen mussten und für den Bau einer Toilette das notwendige Geld und Wissen fehlte, bestand kaum die Möglichkeit diese Hygienestandards umzusetzen.

Als unsere Tochter Christina für zwei Wochen in Kenia war und unseren Deutschkurs besuchte, wollten alle jungen Männer die Gruppen noch einmal teilen und Christina als Lehrerin haben. Sehr enttäuscht waren sie, als sie hörten, dass Christina aber auch wir bald zurück nach Deutschland reisen müssen.

In diesen drei Monaten hatten mein Mann, unsere Kursteilnehmer und ich viel gelernt. Der Abschied fiel uns allen sehr schwer.

Meine ersten Deutschkurs-Teilnehmer

Mein Orangensohn

Kenia, Dezember 2006

„Jambo Mama, how are you?" (Suaheli/Englisch: Hallo Frau, wie geht es Ihnen?), hörte ich eine junge Stimme am Eingangstor.

Da jede Stunde entweder Fischer, Obsthändler oder fliegende Händler ihre Ware an frisch angekommene „mzungus" (Suaheli: Weiße) verkaufen wollten und man den ganzen Tag keine Ruhe fand, antwortete ich prompt: „Wir brauchen nichts", und ging weg.

Eine Stunde später saß der wohl 13-jährige Junge noch immer vor unserem Tor auf dem Boden. Ich ging hinaus und wollte ihn wegschicken, kam aber gar nicht dazu, etwas zu sagen. Ein müdes Gesicht, schmutzige zerrissene Kleider, wunde Füße – und diese flehenden überängstlichen Augen. „Mama, kauf bitte meine Orangen. Wenn ich heute nichts verkaufe, hat meine Familie nichts zu essen. Ich habe noch vier kleine Geschwister, mein Vater ist krank und wird nie mehr arbeiten können und meine Mutter hat auch keine Arbeit. Mama, bitte, kauf meine Orangen. Ich habe heute noch keine einzige verkauft. Bitte, Mama." Wir brauchten wirklich keine Orangen. Und solche Geschichten hört man in Kenia jeden Tag. Diese Lebensdramen stimmen auch – größtenteils, zum Teil werden sie ausgedacht.

Aber diese verzweifelten Augen hier, sie logen nicht. Der Junge bettelte nicht, er wollte nur seine Orangen verkaufen, um Reis für die Familie kaufen zu können.

Ich brachte es nicht übers Herz ihn wegzuschicken und kaufte zehn Orangen.

„Mama, wann brauchst du wieder Orangen? In einer Woche? Gut, ich bringe dir die schönsten Orangen. Ahsante (Suaheli: Danke), Mama, ahsante. Und diese große Orange bekommst du als Geschenk."

Drei Tage später stand der Junge wieder da. Diesmal brachte er Mangos, Zitronen und eine Papaya. Da wir in Kenia kein Auto besaßen und alle Lebensmittel mit dem Matatu (öffentliche, meist überfüllte Kleinbusse) sowie einem Fußmarsch von circa einem Kilometer bei Temperaturen von 32 Grad im Schatten nach Hause bringen mussten, war ich froh zum gleichen Preis wie auf dem Markt direkt vor der Haustür einkaufen zu können.

Aus den kurzen Unterhaltungen während des Einkaufens erfuhr ich einiges über den Jungen. Er hießt Laki, war ca. 13 Jahre alt – so genau wisse er es nicht –, wohnte in einem acht Kilometer entfernt gelegenen Dorf und war zurzeit der einzige Ernährer der Familie.

Eines Tages kam Laki ohne Früchte und zum ersten Mal sah ich den Jungen vor Freude strahlen – er wollte mir etwas zeigen. „Schau Mama, das ist mein Freund", zeigte er in die Ecke.

Ich konnte im Schatten nichts erkennen und hörte nur ein Geräusch unter den frisch geschnittenen Palmenzweigen, die dort lagen. Dann sah ich einen Hamster.

„Ja, Mama, ich bin gekommen, um dir mein Tierchen zu zeigen. Ist es nicht süß? Du kannst es streicheln, es tut dir nichts." Acht Kilometer Fußmarsch, Kind, nur um deine Freude mit mir teilen zu können!

„Mama, kannst du mir vielleicht ein Glas Wasser geben?"

Ich brachte ihm eine Flasche Wasser und einige kleine Päckchen aus Deutschland mitgebrachter Gummibärchen. „Oh, da sind so viele", strahlte er.

„Das reicht auch für meine Geschwister und meine Eltern können sie auch probieren. Mama, bekommen die Kinder in Europa so etwas oft, vielleicht jeden Monat?"

Nein Kind, wenn sie wollen jeden Tag und meistens alles im Überfluss, dachte ich, sagte aber nichts.

Im Januar begann die Schule und eines Tages wunderte ich mich sehr, dass Laki schon morgens mit Orangen da war. Die Primary School ist in Kenia kostenlos und als Lehrerin fragte ich ihn ziemlich streng, wieso er nicht in der Schule sei. Mit gesenktem Kopf antwortete er mir: „Ich kann nicht in die Schule, weil ich keine Uniform habe und mich dafür schäme. Ich bin der einzige in der Klasse, der sich eine Uniform nicht leisten kann. Und Hefte und Stifte kann ich auch nicht kaufen."

In unserem Haus lagen einhundert für meinen Deutschkurs gekaufte Hefte und sehr viele in Deutschland gespendete Stifte. Ja und was mache ich mit der Uniform? Gleich den Jungen mit so einem für afrikanische Verhältnisse teuren Geschenk im Wert von ca. 12 Euro zu überraschen, wäre keine gute Erziehung.

Nach kurzer Überlegung ging ich ins Haus, brachte ihm zwei Hefte, einige Stifte und eintausend Kenia-Schilling. „Hefte und Stifte bekommst du von mir als Geschenk, aber das Geld für die Uniform musst du abarbeiten, in dem ich von dir jedes Mal zwei Orangen umsonst bekomme. Die Uniform musst du mir auch zeigen und die Rechnung dafür bringen", sagte ich ganz schnell, um keine Zeit mehr zum Überlegen zu haben.

Nach einer kurzen Schweigepause leuchteten seine Augen auf. „Mama, zwei Orangen kosten zehn Schilling (etwa 12 Cent). Mama braucht jede Woche Orangen, dann komme ich zu dir hundertmal, also hundert Wochen, dann kann ich zu dir zwei Jahre lang kommen? Und in die Schule kann ich jetzt auch gehen. Danke, Mama, danke!"

Laki mit zwei seiner Geschwister

Ich konnte nicht erkennen, worüber er sich mehr freut – über die Uniform oder über die Möglichkeit, einhundertmal zu mir zu kommen.

Bei unserem nächsten Treffen war Laki ziemlich aufgeregt: „Mama, am Sonntag kommst du um 10 Uhr in mein Dorf, zu mir nach Hause. Du bist doch jeden Tag im Kindergarten und in der Schule in Biga. Und mein Dorf ist nicht mehr weit weg von dort. Meine Familie will dich kennenlernen. Hier habe ich einen Brief für dich von meinem Vater. Den habe aber ich auf seine Bitte geschrieben, weil er selbst nicht schreiben kann."

Ich versuchte dem Jungen zu erklären, dass ich keine acht Kilometer zu Fuß schaffe und dass Sonntag der einzige Tag sei, an dem ich mich etwas ausruhen könne. Etwas enttäuscht ging er davon.

Nach drei Tagen stand eine ganze Delegation am Tor: Erwachsene, Kinder und mein Orangensohn.

„Mama, hier ist meine Familie, du wolltest nicht zu uns kommen, da sind wir zu dir gekommen. Und schau mal, wie schön meine neue blaue Hose der Uniform ist; und morgen bekomme ich ein weißes Hemd dazu. Und sogar für diese einfachen Schuhe hat das Geld gereicht."

Seine kleinen Geschwister beobachteten mich sehr neugierig und alle wunderten sich, als ich Ihnen die Hand zur Begrüßung ausstreckte. Der Kleinste tastete vorsichtig meine Finger ab, als ob er sich vergewissern wollte, dass sie echt sind.

Die Frau ist wohl seine Großmutter, dachte ich. Ich schätzte sie auf etwa sechzig Jahre. Die Jungen waren ca. drei, vier und sechs, das Mädchen – mit sehr hübschen, zarten Gesichtszügen und einem sehr schüchternen Blick – war ca. zehn.

Ich sei die erste Weiße, die alle so nah erleben und berühren durften, sagte Laki. Und seine echte Mama (also doch nicht seine Großmutter) wollte unbedingt die gute weiße Mama kennenlernen, die ihrem Sohn und der ganzen Familie so geholfen hatte.

Ich konnte meine Neugier nicht unterdrücken und fragte, wie alt seine Mutter sei. Da die Frau kein Englisch sprach und nie in der Schule gewesen war, gab es offensichtlich ein Verständigungsproblem zwischen der Mutter und dem Sohn, was Alter und Zahlen betraf.

Sie müsse so um die vierzig sein, kam nach einigen Minuten intensiven Streitgesprächs heraus, wobei ich nicht feststellen konnte, ob meine Frage nach dem Alter das Problem war oder die Unfähigkeit der Mutter mit Zahlen umzugehen.

Als ich Laki Ende Februar sagte, dass wir bald abreisen würden und er keine Orangen mehr bringen solle, kamen ihm Tränen in die Augen. „Ich schulde dir aber noch sehr viele Orangen und wir haben ausgemacht, dass ich zu dir hundertmal kommen darf. Ich war aber nur siebenmal hier."

Erst nachdem ich fest versprochen hatte, dass wir noch in diesem Jahr wiederkommen und er seine Schulden bei mir begleichen könne, ging er, dennoch sichtlich bedrückt zu seiner Familie.

Am nächsten Tag waren wir bis zum späten Abend unterwegs. Und als wir zurückkamen, sahen wir eine am Tor angebundene Tüte. Darin waren ein paar Orangen, eine Papaya und eine Mango. Erst am nächsten Morgen bemerkten wir die mit einem Stein auf den Boden gekratzten Buchstaben: „Safari njema (Suaheli: Gute Reise), Mama. Laki."

Leider musste ich meinen Laki enttäuschen. Die für Dezember 2007 geplante Reise musste auf unbestimmte Zeit verschoben werden. Im Oktober erlitt mein Mann einen schweren Schlaganfall, dessen Folge eine bleibende halbseitige Lähmung war. Ob und wann wir unter diesen Umständen nach Kenia fliegen könnten, stand in den Sternen.

Ich dachte trotz aller auf mich gefallener Belastungen sehr oft an meine Kinder in Biga und natürlich an Laki.

Im Frühjahr 2008 kam ein Anruf aus Kenia von einer mir unbekannten Frau. Sie sagte, dass Laki große Probleme habe und mit mir sprechen wolle. Ich solle bitte diese Nummer zurückrufen, weil das Telefonieren nach Deutschland sehr teuer sei.

Ich erkannte seine Stimme sofort.

„Jambo, Mama Luba, ich habe so lange auf dich gewartet, bin jeden Tag im Dezember zu deinem Haus gegangen. Du warst nicht da. Dann habe ich gehört, dass dein Mann erkrankt ist. Es tut mir sehr leid. Ich wünsche ihm gute Besserung. Meine Mama ist auch sehr krank und muss ins Krankenhaus. Wir können aber die Behandlung nicht bezahlen. Im Dorf kann uns keiner helfen. Die Menschen hier haben für uns etwas gesammelt, fünfhundert Schilling (etwa 5 Euro). Das reicht nur für einen Arztbesuch. Ich schreibe dir einen Brief. ‚Kwa heri' (Suaheli: Auf Wiedersehen), Mama Luba. Ich vermisse dich."

Die Verbindung war weg.

Seine verzweifelte, schluchzende Stimme schrie um Hilfe. Zwischen seinen und meinen Problemen lagen ca. 8.000 Kilometer. Der Brief wird mindestens zwei Wochen nach Deutschland unterwegs sein. Was ist mit seiner Mutter? Wie schnell muss sie ins Krankenhaus? Ist ihr Zustand lebensbedrohlich? Was geschieht jetzt mit ihm und seinen kleinen Geschwistern? Viele Fragen und keine Antworten.

Nach einem Monat kam der Brief. Jemand hatte versucht ihn auf Deutsch zu schreiben. Das hätte er besser nicht machen sollen, weil aus der gut gemeinten Absicht ein schlecht verständlicher Wortsalat geworden war.

Soviel konnte ich entziffern: Seine Mutter hat eine unheilbare Krankheit, braucht eine dauerhafte ärztliche Behandlung und vitaminreiche (normale) Ernährung. Die Medikamente würden umgerechnet 130 Euro kosten. Über den Rest des Briefes konnte ich nur rätseln: Laki bat mich um Hilfe, sonst wisse er nicht weiter, die Mutter müsse sterben.

Der Junge hatte nur 5 Euro. Ich wusste, dass er keinen Personalausweis hatte. Ganz zu schweigen von einer Bankverbindung. Genauso gut wusste ich, dass ihm niemand so eine für kenianische Verhältnisse enorme Summe borgen würde, weil seine Familie nie im Stande sein würde, das Geld zurückzahlen zu können.

130 Euro kostet das Leben seiner Mutter.

Ich suchte nach einem Weg Lakis Familie zu helfen. Wie können wir das Geld nach Kenia schicken? An eine unbekannte Person aus dem Dorf ist zu unsicher. Unser Kindergartenmanager kannte Laki nicht und er war sehr skeptisch am Telefon.

„Mama, du kannst nicht ganz Kenia helfen und solche Probleme gibt es in jeder Familie", war sein Kommentar.

Aber Lakis Familie war für mich nicht „jede".

Ich versuchte dieselbe Telefonnummer in Kenia, über die mich Laki auch erreicht hatte, anzurufen. Keine Verbindung.

Tage vergingen, es tat sich nichts und ich fand keine Ruhe. Nach ca. zwei Wochen klingelte bei uns das Telefon. Die Frau bat mich um Rückruf. Ihr Akku wäre einige Tage leer gewesen, im Dorf gäbe es keinen Strom und erst gestern konnte sie einen Gärtner, der in einem deutschen Haushalt arbeitete, bitten, ihr Handy aufzuladen. Ob es für ein Gespräch reiche, wüsste sie nicht.

Laki fragte sofort, ob ich seinen Brief bekommen hätte. Die Verbindung war schlecht, die Verständigung noch schlechter. Während dieses Gespräches kam ich auf eine Idee. Ich sollte die Telefonnummer des Krankenhauses und des Arztes haben.

Da es mit der Kommunikation nicht funktionierte, legte ich auf und schrieb sofort eine SMS. Die Antwort mit dem Namen des Arztes und seiner Rufnummer kam ziemlich schnell.

Ich legte alle Wörterbücher auf den Tisch, schrieb mir einige Fragen auf, atmete tief durch und wählte die Nummer. Die Stimme des Mannes kam mir bekannt vor. Ich stellte mich vor.

„Mama Luba, sicher kenne ich dich. Ich behandle oft deine Kinder im Kindergarten und bringe Medikamente hin."

Mir fiel ein Stein vom Herzen. Jetzt finden wir ganz sicher eine Lösung. Ich erklärte ihm den Sinn meines Anrufes.

„Ja, ich kenne Laki, er war mit seiner Mutter da. Ich vermute, dass die Frau wahrscheinlich geschlossene Knochentuberkulose hat. Sie ist total unterernährt und braucht dringend eine ärztliche Behandlung. Mit dieser könnte ich sofort beginnen, wenn die Finanzierung geklärt wäre."

Mit meinem Vorschlag, dass er die Kosten für die Medikamente vorstreckt, war er sofort einverstanden. Ich versprach, ihm das Geld bei der ersten Gelegenheit zukommen zu lassen.

„Wenn Mama Luba etwas verspricht, weiß ich, wird sie es halten. ‚Kwa heri' (Suaheli: Auf Wiedersehen), Mama Luba, Gott segne dich und deine Familie."

Ich rief Laki an und teilte ihm mit, dass alles gut werde. Er solle sofort mit seiner Mutter ins Krankenhaus gehen. Der Junge konnte nichts sagen, er weinte nur. Und ich vor Freude und Erleichterung auch.

August 2008

Nach einigen Wochen versuchte ich vergebens Laki telefonisch zu erreichen und rief daher im Krankenhaus an.

Der Arzt erkannte mich sofort. „Jambo, Mama Luba, wie geht es dir und deinem Mann? Wir hoffen alle, dass ihr bald nach Kenia kommt. Lakis Mutter ist jetzt in meiner Behandlung. Ich kann leider aus Geldmangel nicht alle Medikamente besorgen, genauso wenig kann ich die Verpflegung der Frau finanzieren. Das einzige, was wir hier zur Verfügung haben, ist sauberes Wasser. Der Sohn bringt ihr nur Orangen und selten die Reste vom Essen, die er von den Nachbarn bekommt. Die Frau droht zu verhungern."

Ich versprach dem Doktor nach einer Lösung zu suchen, ihn, sobald es geht, anzurufen und legte auf. In diesem Moment dachte ich zuerst an Laki und seine kleinen Geschwister. Was essen die Kinder jetzt, wenn die Mutter so schwer krank ist, im Hospital liegt, selbst nichts zu essen hat. Wer kümmert sich um die Kleinen und versorgt sie?

Ich bekam wieder solche Wut auf die Ungerechtigkeit dieser Welt. Ich begann wieder zu grübeln, wie ich dem Arzt und der Familie das Geld zukommen lassen könnte. In dieser Jahreszeit reisten unsere Bekannten nicht nach Kenia und vor Ort hatten wir niemanden, der bereit gewesen wäre, einem unbekannten Jungen so viel Geld zu leihen, auch wenn ich sie darum bitten würde.

Meinem Mann erzählte ich nichts von meinen Sorgen um Laki und seine Familie. Auf jede emotionale Aufregung und negative Nachricht reagierte er nach seinem Schlaganfall mit unruhigem Schlaf und intensiven Träumen, die er oft von der Wirklichkeit nicht unterscheiden konnte. Das hieß für mich immer eine zusätzliche Belastung und Arbeit.

Zu dieser Zeit entstand bei uns die Idee, eventuell mit dem Rollstuhl nach Kenia zu reisen. Die Physiotherapeutin meines Mannes träumte schon immer von Afrika und würde uns gerne mit einer Freundin begleiten. Wenn alles gelingen würde, hätte ich die Probleme in Lakis Familie regeln können.

Nachdem wir Ende Oktober unsere Entscheidung getroffen und die Flüge gebucht hatten, rief ich den Doktor an und fragte nach dem Zustand von Lakis Mutter.

„Es geht der Frau den Umständen entsprechend gut, ich tue mein Bestes, aber ohne Geld ist es schwierig, die wichtigsten Arzneimittel zu beschaffen", berichtete mir der Doktor.

Ich wollte ihm nicht verraten, dass ich bald nach Kenia komme, weil ich hoffte, dass wir uns nach der langen Reise mit meinem schwerbehinderten Mann zumindest einige Tage ausruhen könnten. Dem Arzt versprach ich aber, dass er in den nächsten Tagen das Geld für die Behandlung bekommen werde.

„Dann könnte ich die teuren Medikamente in einer Apotheke auf Kredit besorgen. Wenn ich versichere, dass ich diese innerhalb einer Woche bezahle, würde ich sie auch erhalten. Sie werden in Nairobi bestellt und innerhalb von 24 Stunden in Ukunda ankommen. Soll ich das machen und wie bekomme ich das Geld?", fragte mich der Mann.

Ich bejahte seine erste Frage, ohne auf den zweiten Teil im Detail einzugehen. Wenn ich in Kenia bin, dachte ich, ergibt sich schnell eine Lösung.

Das Buschtelefon in Afrika ist anscheinend schneller als man sich das wünscht. Unser Inkognito hielt nicht mal eine Stunde und nach unserer Ankunft wusste die ganze Gegend im Umkreis von dreißig Kilometern, dass wir in Kenia waren.

Unseren Gärtner bat ich, uns in den ersten Tagen vor den zahlreichen Besuchern zu schützen. Nur, wenn Laki kommt, solle er mir das sofort sagen. Beschäftigt mit dem Auspacken, Einräumen und der Anpassung an die Pflege ohne Hilfsmittel dachte ich trotzdem an meinen Orangensohn und wunderte mich, dass er noch nicht erschienen war.

Nach zwei Tagen rief ich abends den Arzt an.

„Hallo, Mama Luba, herzlich willkommen in Kenia. Ich war gestern mit Laki bei dir zu Hause. Der Gärtner schickte uns weg und sagte, dass du mit uns nicht sprechen willst. Er drohte die Polizei zu rufen, wenn wir nicht sofort verschwinden. Ich staunte sehr und machte mir große Sorgen. Ich komme morgen früh zu dir und bringe dir die Rechnungen aus der Apotheke. Morgen ist der letzte Tag. Wenn ich sie nicht bezahle, bekomme ich nie mehr Medikamente auf Kredit", hörte ich am Telefon.

Unser Gärtner war schon nach Hause gegangen, so blieb ihm an diesem Abend einiges erspart.

Am nächsten Morgen fragte ich ihn, warum er mir nichts von Lakis Besuch erzählt hätte.

„Ja, schon vorgestern stand Laki vor dem Tor. Jeden Tag kommt er, und gestern noch mit einem Mann. Jede Familie in Kenia hat Probleme und Mama kann nicht ganz Kenia helfen. Alle wollen Mama Lubas Hilfe. Seit Papa krank ist, verdienst du kein Geld. Ich denke, dass für mich und meine Familie nichts mehr übrigbleibt."

Als ich den letzten Satz hörte, hätte ich ihn am liebsten sofort entlassen.

„Überlass das bitte mir zu entscheiden, wem und wie ich helfe. Deine Kinder haben zwei gesunde Elternteile und du verdienst hier genug, um deine Familie zu ernähren. Für die Schule, Uniformen, Medikamente und die Kleider für die ganze Familie musst du auch nicht bezahlen, das bekommst du von uns."

Ich versuchte mich zu beherrschen, trotzdem war meine Tonlage um einiges höher als sonst. Einerseits hatte der Mann Recht, ich kann nicht ganz Kenia helfen. Andererseits fand ich seinen Egoismus und die Frechheit, in meinem Namen den Menschen mit der Polizei zu drohen, unverschämt. Ich beschloss, am nächsten Tag nochmals mit ihm zu reden.

Der Arzt und Laki kamen am frühen Morgen. Die Rechnungen im Wert von insgesamt 60 Euro bezahlte ich sofort. Wir verabredeten, uns in drei Tagen im Krankenhaus zu treffen, um die Mutter zu besuchen und sein Honorar zu bezahlen sowie über die weitere Behandlung zu sprechen. Laki würde uns zeigen, wie wir das Krankenhaus finden.

Der Junge war während des Gesprächs sehr schweigsam. Als wir uns verabschiedeten, ging er mit dem Arzt fort. Ich hatte das Gefühl, er will mir noch etwas sagen, traute sich aber nicht, wahrscheinlich aus Respekt gegenüber den Älteren.

Kaum drehte ich mich um, hörte ich seine Stimme. „Oh, Mama, ich danke dir sehr. Ich bin sehr glücklich, dass du da bist. Hier habe ich für dich zwei Orangen, mehr habe ich nicht. Ich habe noch Schulden bei dir, für meine Uniform."

Er stand barfuß vor mir und schaute auf den Boden. Ich sah, dass er sehr abgemagert und um einige Zentimeter gewachsen war. Die Uniformhose war sehr abgetragen, schmutzig und zu kurz. Dem Hemd sah man an, dass es schon lange nicht mehr gewaschen worden war.

Die zwei Orangen drückte er mir in die Hand. Ich fragte ihn, ob er die Orangen nicht selbst essen oder der Mutter ins Krankenhaus bringen wolle.

„Nein, Mama, das sind deine Orangen. Ich habe heute die letzten Orangen von unserem Baum gepflückt und unter allen verteilt. Leider sind für dich nur zwei übriggeblieben. Ich weiß auch nicht, wie ich meine Schulden bei dir abbezahlen kann. Die nächste Ernte wird erst in drei bis vier Monaten sein. Oder bleibt Mama so lange in Kenia? Hättest du vielleicht für mich ein Glas Wasser? Ich habe seit gestern nichts getrunken."

Ich bat ihn eine Weile zu warten. In Deutschland hatte ich für Laki zwei T-Shirts, zwei Hosen, ein weißes und ein buntes Hemd gekauft. Gedacht habe ich auch an seine kleinen Geschwister und brachte einige Kleidungsstücke, Seife, Stifte und Gummibärchen mit. Ich suchte eine schöne Tüte und packte alles ein. Dazu legte ich ein Brot, zwei Packungen Kekse, schmierte noch einige Butterbrote, nahm eine Flasche Wasser und ging zu Laki. Das Wasser trank er sofort aus, die Brote rührte er jedoch nicht an. Seine Augen begannen zu leuchten, als er die vielen Kleider sah.

„Ist das alles für mich? Und das für meine kleinen Geschwister? Oh, Mama, wie kann ich das irgendwann wiedergutmachen? Jetzt muss ich schnell nach Hause. Wir haben heute so viel zu essen und die Brote bringe ich sofort ins Krankenhaus. So viel Brot, so viel Brot", wiederholte er immer leiser und seine Augen füllten sich mit Tränen. Auch meine Augen wurden immer feuchter.

Ein Jugendlicher freut sich über Brot, das seine Familie heute essen darf. Nicht über ein neues Handy, einen Computer, teure Markenklamotten. Über ein Brot!

„Mama, ich gehe jetzt. Wann soll ich dich abholen?", fragte mich Laki flüsternd.

Ich wusste in diesem Moment noch nicht, wie ich die Pflege meines Mannes organisiere, wenn ich ins Krankenhaus gehe.

„Ich komme morgen wieder und du sagst mir, wann wir ins Hospital zu meiner kenianischen Mama gehen können", sagte Laki zum Abschied.

Er drehte sich um, machte ein paar Schritte. Dann lies er die Tüte auf den Boden fallen, kam wieder zu mir, kniete, nahm schnell meine Hand und küsste sie.

„Ahsante, Mama, Gott segne dich und deine Familie. Ahsante, Mama", hörte ich zwischen den Tränen.

Ich zog meine Hand schnell weg, hob den Jungen hoch und nahm ihn in die Arme. So standen wir einige Minuten da und weinten.

Am nächsten Abend kam Laki in neuen Kleidern. Und strahlend erzählte er mir Folgendes. „Mama, die Seife, die du uns aus Deutschland gebracht hast, riecht so gut. Ich wusste nicht, dass Seife so gut riechen kann. Und schau, alle Kleider passen mir sehr gut. Die Hose ist etwas zu lang, aber es ist besser als zu kurz. Meine Mama hat mich und meine Geschwister in neuen Sachen nicht gleich erkannt. Sie freut sich sehr, dich bald wiederzusehen. Das Brot haben wir aufgegessen. Es war wie Weihnachten für uns. Danke, Mama."

Unsere Fahrt ins Krankenhaus wurde bereits mit meinen zu dieser Zeit anwesenden deutschen Gästen besprochen. Sie waren sehr interessiert mitzugehen. Für meinen Mann wurde auch eine Lösung gefunden. Unser Kindergartenleiter Bakari erklärte sich bereit mir zu helfen und schrieb sich alles auf, was ihn bei der Pflege unterstützen könnte. Ein Taxi bestellte ich für 10 Uhr. Nachdem ich Laki alles berichtet hatte, ging er fröhlich nach Hause.

Am nächsten Morgen stand er schon um 9 Uhr vor unserem Tor. Wir wollten gerade frühstücken. Den Jungen zu fragen, ob er schon etwas gegessen hätte, wäre überflüssig. Dennoch hatte ich Bedenken, Laki zum Essen einzuladen.

Einerseits wollte ich ihn nicht in Verlegenheit bringen, weil ich wusste, dass er mit Besteck nicht umgehen kann und sich genieren würde etwas zu essen. Einen Kulturschock wollte ich ihm auch ersparen. Die meisten Großfamilien in Afrika wohnen in sehr engen Räumen und haben keinen Strom und kein Wasser.

Andererseits wollte ich unsere Privatsphäre schützen. Aus langjähriger Erfahrung mit Besuchern, die sich bei uns sehr wohl fühlten und nicht gehen wollten, hatte ich mit meinem Mann beschlossen, die Zahl der Gäste in Kenia zu beschränken. Während der Bauarbeiten in unserem Kindergarten vor zwei Jahren hatten wir so viele Besuche, dass beispielsweise der Architekt schon in unser Haus einziehen wollte. Nach zwei Monaten eines nahezu offenen Hauses sehnten wir uns immer öfter nach Ruhe und etwas Abstand. Zu jener Zeit trafen wir die Entscheidung Berufliches und Privates in Zukunft mehr zu trennen.

Ja, war die Situation jetzt beruflich oder doch eher privat? Wird der Einblick in das Leben der Weißen den Jungen motivieren oder eher deprimieren?

Als ob Laki meine Gedanken und Bedenken lesen konnte, fragte er mich, wann er wiederkommen solle und ob ich vielleicht etwas Obst brauche. In diesem Moment war ich ihm sehr dankbar dafür, dass er mir die Entscheidung abnahm. Ich bat ihn beiem Obsthändler um die Ecke zehn Bananen und zwei Mangos zu kaufen und gab ihm einhundert Kenia-Shilling (etwa 1 Euro).

Als unser Taxifahrer Patrick vor dem Haus stand, war Laki auch schon da und hielt eine große Tüte in der Hand.

„Mama, schau, ich habe mit dem Verkäufer gehandelt und für eine Banane nicht fünf, sondern nur drei Shilling bezahlt; so reichte das Geld noch für eine große Papaya, die du so magst", berichtete er stolz.

Ich lobte ihn für sein kaufmännisches Geschick, nahm aus der Tüte zwei Bananen, gab eine dem Taxifahrer und eine Laki. Die restlichen Bananen legte ich in den Kofferraum, zusammen mit einer großen Tasche, gefüllt mit in Deutschland gespendeten Desinfektionsmitteln, Verbandsmaterialien, Einwegspritzen und vielen anderen Sachen, die man in einem Hospital gebrauchen konnte.

Die Fahrt ins Krankenhaus dauerte fast eine Stunde. Unterwegs erklärte uns Patrick, dass es eine Abkürzung vorbei an unserem Kindergarten gebe, die Straße sei aber nach dem starken Regen in der Nacht unpassierbar.

So wurden aus acht Kilometern über fünfundzwanzig. Die letzten Kilometer fuhren wir im Schritttempo, weil es keinen befahrbaren Weg dorthin gab. Nach einer Schüttelpartie blieben wir schließlich vor einem Haus stehen, das wie ein verlassenes Wohnhaus aussah.

„Wir sind da", sagte Laki.

Jetzt konnte ich verstehen, warum die Einheimischen das Buschkrankenhaus so nennen. Es entsprach seinem Namen und lag tief verborgen im dichten Urwald. Weit und breit gab es keine Straße, kein Haus und keinen Menschen zu sehen. Nur im hohen Gras hinterlassene Fußwege ließen vermuten, dass hier immer wieder jemand vorbeikam.

Ausgestiegen aus dem Auto, blieben wir alle eine Weile stehen. Diese unberührte Natur und die unirdische Stille wirkten auf uns hypnotisch.

Unglaublich, dass einige Meter weiter die Menschen an Hunger litten und um ihr Leben kämpften.

Aus der Ruhe brachte uns die Stimme des Arztes:

„Herzlich willkommen. Ich habe das Auto gehört und wunderte mich, warum niemand reinkommt. Ich freue mich sehr, dass Sie hier sind."

Nach dieser freundlichen Begrüßung begleitete er uns ins Haus. Am Eingang, in der Ecke stand ein Eimer Wasser mit einem Plastikbecher. Ich kannte solche „Trinkstellen" von anderen Orten. Jeder, der Durst hat, darf sich ungefragt bedienen. Ob diese Becher ab und zu gespült werden, bezweifelte ich.

Als ich in den Vorraum eintrat, welcher als Wartezimmer gedacht war, hatte ich den Eindruck erblindet zu sein. Es gab hier kein Fenster. Nur ein zentimeterkleiner Sonnenstrahl kam von einem Loch in der Decke und beleuchtete die Tür in den nächsten Raum. Es dauerte einige Minuten, bis sich meine Augen an diese Dunkelheit gewöhnt hatten.

Der Raum war leer, keine Möbel, keine Stühle, nur in der Ecke stand eine kleine Holzbank. Bei genauerem Hinsehen sah ich auf der Bank einen kleinen, leblosen, zusammengerollten Körper liegen. Laki näherte sich der Bank und ich hörte: „Jambo, Mama, schau, wen ich heute mitgebracht habe. Meine weiße Mama Luba ist wieder da. Jetzt wird alles gut."

Er nahm ihre Hände in seine, streichelte sie und wiederholte das immer wieder: „Es wird alles gut."

Reglos lag die Frau auf der harten Bank. Sie war so abgemagert, dass ihr Körper wie ein Skelett aussah – nur Haut und Knochen. Sie wollte ihre Augen öffnen und etwas sagen, es kam aber nur ein leises Stöhnen heraus. Laki versuchte die Mutter aufzusetzen, zog ihre Beine runter und stützte sie von der Seite, sonst wäre sie umgekippt. Der Arzt brachte ein Glas Wasser, mischte einen Löffel weißes Pulver hinein und schob der Frau mit einem Teelöffel einige Tropfen in den Mund. Die Flüssigkeit lief aber daneben. Erst beim vierten, fünften Versuch schluckte sie mit großer Mühe und machte langsam ihre Augen auf. Ihr leerer Blick konzentrierte sich zuerst auf das Glas. Dann streiften ihre Augen mühsam durch den dunklen Raum und hielten zuerst an Laki, dann an mir.

Ich hatte Angst mich der Frau zu nähern oder sie zu berühren. Ich stand wie erstarrt da und war so schockiert, dass ich keinen Ton von mir geben konnte. Dass Laki die ganze Zeit der Mutter etwas auf Suaheli zuflüsterte, realisierte ich wie in Trance. Genauso ging das leise Gespräch meiner Begleiterinnen an mir vorbei.

Aus meinem Abwesenheitszustand holte mich der Arzt.

„Ja, Mama Luba, wie ich dir schon sagte, ist Lakis Mutter in einem sehr schlechten Zustand. Trotzdem habe ich den Eindruck, dass sich die Krankheit dank der Medikamente nicht mehr weiterentwickelt. Bei guter Ernährung könnte sie bald auf die Beine kommen. Sonst droht sie zu verhungern. Ich konnte ihr jetzt nur Wasser mit etwas Zucker geben. Mehr habe ich nicht."

Ich fragte ihn, ob die Kranke Bananen essen dürfe.

„Sie darf alles essen. Milch und Bananen sind gut für die Knochen. Es wäre gut, wenn sie das jeden Tag bekommen könnte", antwortete er.

In dem Moment zog Laki eine Banane aus seiner Hosentasche. Der Junge hatte sie selbst nicht gegessen und für seine kranke Mutter aufbewahrt. Er schälte sie und begann die Frau zu füttern.

Ich bat den Taxifahrer Patrick die Taschen aus dem Auto zu holen. Er kam bald zurück und berichtete, dass einige Kinder vor dem Haus stehen und sich nicht trauten, herein zu kommen. Es seien Lakis Geschwister. Der Arzt ging hinaus und kam mit der ganzen Horde von Kindern zurück. Sie setzten sich zur Mutter auf die Bank und schauten lautlos zu, wie Laki sie mit Banane fütterte.

Ich holte die mitgebrachten Früchte und Gummibärchen aus der Tüte und verteilte sie an alle Kinder. Das erste Mal seit unserem Kommen wurden die Augen der Mutter etwas lebendiger. Ihr Blick bewegte sich durch den Raum und sie begann am Geschehen teilzunehmen. Nachdem sie ihre Kinder wahrgenommen hatte, konnte ich in ihrem Gesicht ein schwaches Lächeln erkennen. Auch die Kleinen brachen das Schweigen und während sie die Süßigkeiten auspackten, redeten sie leise miteinander.

Was ging wohl im Kopf der kranken, schwachen, hilflosen Mutter vor sich? Es muss doch für sie furchtbar sein, jeden Tag, jede Minute an ihre Kinder zu denken und ständig Angst zu haben, dass eines von ihnen den nächsten Tag nicht überlebt. Auch sie selbst womöglich nicht.

Meine Gedanken kreisten um die Zukunft dieser Familie. Was geschieht mit den Kindern, wenn die Mutter es nicht schafft? In Kenia gibt es kein Sozialsystem, keine Jugendämter, und ganz wenige Waisenheime, die meist von den europäischen Hilfsorganisationen wie SOS-Kinderdörfer oder kleinen Initiativen geführt werden. Diese können aber nicht alle Waisen des Landes aufnehmen, so verbleiben die meisten Kinder bei Angehörigen, die selbst nicht genug zu essen haben.

Aus meinen tristen Gedanken riss mich wiederum der Doktor. Wir sollten über die finanziellen Angelegenheiten reden. Wir gingen in das nächste Zimmer, das wie ein Behandlungsraum aussah. Außer einem Tisch und zwei Stühlen war der Raum mit Kartons und Plastiktüten gefüllt. Auf dem Tisch lagen ein altes verrostetes Stethoskop und ein noch älteres Blutdruckmessgerät. Es gab hier keine Infusionsmöglichkeit, keinen Strom, keine Verpflegung, keine Sanitäranlagen, keine Bettwäsche, geschweige denn Handtücher oder Geschirr. Das Wasser holte man aus einem ca. 300 Meter entfernten Brunnen.

Nachdem ich alle Rechnungen beglichen hatte, zeigte ich dem Arzt die große Tasche und erklärte, es seien gespendete Sachen aus Deutschland für sein

Hospital. Er räumte sofort den Tisch auf, öffnete die Tasche und begann sie mit zitternden Händen auszupacken.

„So viele Einwegspritzen und Pflaster und Verbandsmaterial", flüsterte der Mann vor sich her. „Und was ist in diesen Schachteln? Solche Geräte habe ich noch nie gesehen."

Ich holte zuerst ein digitales Fieberthermometer, dann ein Blutdruck- und ein Blutzuckermessgerät heraus und zeigte dem Arzt, wie alles funktionierte. Begeistert schaute er zu. „Madam Luba, ich dachte, du bist eine Lehrerin. Hast du noch eine medizinische Ausbildung?"

Ohne diese Frage zu beantworten, holte ich noch eine Schachtel mit Ersatzbatterien und Bedienungsanleitungen.

„Leider sind die Beipackzettel nur auf Deutsch. Könntest du mir noch einmal zeigen, wie man diese Geräte bedient. Ich werde mir alles aufschreiben und wenn ich ein Problem haben sollte, rufe ich dich an." Lächelnd holte er ein Notizbuch und zeichnete alles auf.

Auf meine Bitte uns die anderen Räume zu zeigen, schwieg der Arzt einen Moment lang. Dann entschuldigte er sich mit der Begründung, er könne sie uns nicht zeigen, wir würden uns noch mit irgendeiner Krankheit anstecken.

Als ich auf die Uhr schaute, wurde mir bei diesen hohen Temperaturen kalt. Ich hatte meinen Mann schon über vier Stunden allein mit einem liebevollen, aber in Sachen Pflege völlig unerfahrenen Bakari gelassen. Ich rief zu Hause an, aber niemand meldete sich. Auch Bakaris Mobiltelefon schwieg.

Sehr beunruhigt trommelte ich meine „Truppe" zusammen, verabschiedete mich vom Arzt und fragte Laki, ob er mitfahre oder noch bei der Mutter bleibe.

„Der Doktor sagte mir, dass meine Mutter ihre Medikamente auch zu Hause nehmen könne. Ich wollte dich fragen, ob sie ein Stück bei uns mitfahren könne. Wir alle könnten ins Auto passen, wenn ich meine Mutter auf meinen Schoss nehme. Unser Haus liegt weit weg von der Straße, dann muss man noch ca. einen Kilometer zu Fuß gehen. Ich weiß nicht, ob meine Mama diesen Weg allein schafft." Flehend schaute mich Laki an. Nachdem wir uns nach Patricks Anweisungen ins Auto gepresst hatten, fuhren wir schweigend über die verwilderten und unübersichtlichen Buschwege. Ich betete, dass wir hier, weit weg von der Zivilisation, nicht stecken blieben. Mein Mobiltelefon zeigte: kein Empfang.

Nach einigen Kilometern hielt Patrick an. „Es tut mir leid, aber ich wage es nicht, noch weiter in den Busch zu fahren. Wenn wir jetzt links abbiegen, kommen wir bald auf die Straße, die zum Kindergarten führt. Ich denke, weil es nicht mehr geregnet hat, können wir diese Abkürzung nehmen."

Laki stieg aus und half der Mutter aus dem Auto. Zum Abschied sagte ich ihm, dass er am nächsten Tag zu uns kommen und einige Sachen für seine Familie abholen solle.

Wir fuhren weiter und kamen bald an die Stelle, an der vor zwei Jahren nur ein breiter Pfad verlaufen war. Auf unsere Initiative hin wurde vor dem Bau des Kindergartens aus diesem Fußweg eine befahrbare Straße. Leider entstanden nach jeder Regenzeit immer tiefere Rinnen, sodass jedem Autofahrer beim Manövrieren fast das Herz stehenblieb.

Zu Hause erwarteten uns glücklicherweise keine bösen Überraschungen, doch wir benötigten den Rest des Tages, um das Erlebte zu verarbeiten.

Am nächsten Morgen stand Laki schon sehr früh vor dem Tor. Nachdem ich ihm eine Stofftasche mit verschiedenen Lebensmitteln überreichte, rannte er ganz schnell nach Hause.

Bei jedem Einkauf besorgte ich auch Lebensmittel für Lakis Familie, wie Reis, Mehl, Zucker, Tee sowie Milch. Jedes Mal dachte ich daran, was geschehen würde, wenn wir in einigen Wochen zurück nach Deutschland fliegen würden. Laki kam jede Woche mehrmals vorbei, mal mit einem der kleinen Geschwister, mal allein. Seiner Mutter ging es wesentlich besser, sie konnte sich wieder allein bewegen und für die Kinder kochen. Ich telefonierte noch einige Male mit dem Arzt und er bestätigte mir, dass die Medikamente und vor allem die gute Ernährung ihren Zustand sehr positiv veränderten.

Vor unserem Abflug gab mir der Arzt seine Kontoverbindung, für ein Jahr bezahlte ich die Medikamente in bar. Dann kaufte ich einige große Säcke mit Reis, Bohnen und Maismehl, gab Laki für alle Fälle noch umgerechnet 100 Euro (so große Augen hatte ich beim ihm selten gesehen; er habe noch nie so viel

Geld in der Hand gehabt) und mit schwerem Herzen flog ich mit meinem Mann zurück nach Deutschland.

Juli 2010

Unsere nächste Reise nach Kenia war ziemlich spontan und hatte zwei Gründe: meine Freundin Lena bekam unerwartet Urlaub und mein Mann wollte seinem Geburtstag entfliehen.

Der Flug war sehr anstrengend, Gerhard bekam starke Rückenschmerzen und konnte kaum mehr sitzen, geschweige denn aufstehen. Mit Ach und Krach kamen wir in unserem Quartier an.

Wie immer funktionierte das Buschtelefon schneller als ich es mir wünschte und am Tag nach unserer Ankunft kamen die Besucher. Am Abend klopfte auch Laki ans Tor. Irgendetwas hatte sich beim ihm verändert. Ist er erwachsen geworden? Seine Augen waren nicht mehr die von einem Jugendlichen, nicht mehr so schüchtern und unsicher. Auf die Frage, wie es ihm, seiner Mutter und der Familie gehe, antwortete er: „Mein Vater hat uns verlassen und ist zu seiner Verwandtschaft an die Nordküste gezogen." Er hat meine zwei kleinen Schwestern mitgenommen. Die anderen Geschwister sind bei mir geblieben. Wir haben kein Geld mehr fürs Essen. Schön, dass du wieder da bist."

„Wir sind erst gestern angekommen und sehr müde, ich war noch nicht auf der Bank und nicht beim Einkaufen. Warte kurz, ich habe für dich und die Kinder Kleinigkeiten aus Deutschland mitgebracht", sagte ich schnell und ging ins Haus.

Das Abendessen, das uns meine Freundin improvisiert hatte, stand schon auf dem Tisch und mein Mann unter starken Schmerzen leidend, ärgerte sich, dass uns wieder jemand beim Essen störte. Ich packte einige Sachen, Kekse und Bonbons zusammen, übergab Laki die Tüte, schloss das Tor und setzte mich an den Tisch.

Nach fünf Minuten klopfte wieder jemand.

„Geht es hier immer so turbulent zu? Habt ihr mal auch Ruhe? Verstehen die Menschen denn nicht, dass Gerhard schwerbehindert ist und du mit ihm genug eigene Probleme hast?", fragte Lena.

Ich beruhigte meine Freundin mit der kleinen Ausrede, dass es nur die ersten Tage so zugehe und beschloss, heute niemandem mehr zu öffnen. Das Klopfen wurde aber immer aufdringlicher, sodass keiner von uns das Essen genießen konnte. Lena ging ans Tor und sagte sehr laut: „Mama Luba is busy."

Am nächsten Morgen, als wir alle noch tief und friedlich schliefen, wurde ich von einem heftigen Gespräch ganz in der Nähe geweckt. Noch nicht so richtig wach, konnte ich nicht erkennen, ob es bei uns oder bei den Nachbarn geführt wurde. Es klang nach einem Streit und da auf Suaheli gesprochen wurde, verstand ich nur einzelne Wörter. Als ich immer wieder meinen Namen hörte, wurde mir klar, dass etwas bei uns los war. Ganz leise versuchte ich das Gitter und die Eingangstür zu öffnen, was mir nicht gelang. Zuerst wachte Gerhard auf, dann Lena und beide fragten mich, was da draußen los sei.

Als ich hinausging, machte der Gärtner schnell das Tor zu und behauptete, dass nichts Wichtiges gewesen wäre. Erst später berichtete er, dass Laki wahrscheinlich die ganze Nacht in der Garage verbracht hätte und vom Nachtwächter der gegenüberliegenden Ferienanlage am frühen Morgen entdeckt worden wäre. Dieser hätte ihn daraufhin sofort alarmiert. Er hätte dann den Jungen beschimpft und wegschickt.

Mich quälte den ganzen Tag ein schlechtes Gewissen. Dass Abdalla auf Laki eifersüchtig und nicht gut zu sprechen war, wusste ich schon lange. Aber vielleicht hätte ich gestern Abend nachfragen sollen? Es gab bestimmt einen Grund, wieso Laki nicht nach Hause ging.

Am Abend, nachdem der Gärtner nach Hause gegangen war, meldete sich Laki am Tor. Die nach dem Großeinkauf vorbereitete Tasche stand schon bereit und ich ging hinaus. Laki sah müde aus, seine Kleider waren schon lange nicht gewaschen geworden, er roch stark nach Schweiß und er kam nicht allein. Ein etwa achtzehn Jahre alter junger Mann wurde mir als sein Bruder Namens Salim vorgestellt.

„Ich dachte, du bist der Älteste in der Familie?", wunderte ich mich.

„Ja, schon, das ist mein Cousin, der für mich wie ein Bruder ist und neben uns wohnt", erklärte Laki nach einer kurzen Pause.

Ohne einen Blick auf den Inhalt in der Tasche zu werfen, nahm Laki diese entgegen und fragte mich sehr verlegen, ob ich ihm etwas Geld, so um die 10 Euro leihen würde. Er hätte einige Schulden bei den Nachbarn zu begleichen, von denen ihm Schläge drohen würden. Deshalb hätte er gestern nicht nach Hause gehen können.

„Wegen 10 Euro würden dich die Nachbarn doch nicht schlagen?", reagierte ich spontan.

„Weißt du, Mama, sie haben mir schon mit der Polizei gedroht, wenn ich nicht sofort die Hälfte der Schulden bezahle", antwortete Laki, ohne mir in die Augen zu schauen.

„Aha, die Hälfte, das heißt, du schuldest ihnen 20 Euro. Wofür hast du das Geld gebraucht?", hakte ich nach.

Jetzt mischte sich Salim ein:

„Mama, Lakis Mutter ist schwer krank, sie musste einige Male mit dem Taxi ins Krankenhaus gebracht werden. Die Nachbarn haben dafür Geld geliehen, weil wir ihnen versprochen haben, wenn du kommen würdest, würdest du die Schulden bezahlen. Nun haben sie erfahren, dass du in Kenia bist und sie wollen das Geld sofort haben. Sonst würden sie die Polizei rufen."

Das alles klang etwas irritierend. Ich wusste, dass für die meisten Menschen im Dorf 20 Euro sehr viel Geld sind. Aber dass man deswegen gleich mit der Polizei droht, fand ich übertrieben. Ich gab Laki 2.000 Kenia-Shilling und versuchte nicht mehr daran zu denken.

Die nächsten Tage vergingen ohne besondere Vorkommnisse. Es wurde auch mit den Besuchern etwas ruhiger. Lena war vom Indischen Ozean so begeistert, dass sie mehrfach am Tag, bei Ebbe und Flut fasziniert an den Strand ging.

Am Sonntag bekamen wir Besuch. Es war Salim. Er wollte mit mir über Laki reden. Sein Gesichtsausdruck war sehr ernst, so dachte ich gleich an irgendeine Katastrophe. Sein Anliegen war aber einfach. Laki war im letzten Jahr nicht mehr sehr oft in die Schule gegangen. Zu einem musste er sich um die Familie kümmern, zu anderem war der Weg zu weit, um beides zu vereinbaren. Wenn er aber ein Fahrrad hätte, könnte er beides verbinden. Laki selbst würde mich nie danach fragen, weil ich schon so viel für ihn und seine Familie tun würde. Ich versprach Salim mit meinem Mann darüber zu reden.

Da wir keine Ahnung hatten, wie viel ein neues Fahrrad in Kenia kosten würde, baten wir unseren Gärtner in einem Geschäft in Ukunda nach dem Preis zu fragen. Er hörte sich unsere Bitte mit großer Freude an. Erst, als er gegangen war, leuchtete mir ein, dass er wahrscheinlich dachte, das neue Fahrrad sei für ihn. Am nächsten Tag berichtete er uns, ein Fahrrad würde umgerechnet 90 Euro kosten. Sein Fahrrad sei schon acht Jahre alt und es würde bald einige neue Teile brauchen. Es sei eine gute Idee ihm ein neues Fahrrad zu kaufen, so könnte er schneller zur Arbeit kommen.

Jetzt hatten wir ein Problem. Wenn Abdalla irgendwann Laki auf einem neuen Fahrrad sehen sollte, würde er sofort wissen, von wem es stammt. Dann würden wir uns lange Zeit und jeden Tag mit einem beleidigten Gärtner abfinden müssen.

Nach einigen Gesprächen waren wir zu einem Entschluss gekommen. Der Gärtner sollte ein neues Fahrrad bekommen und sein altes sollte Laki erhalten, bis er lernt, richtig damit umzugehen.

„Warum Laki? Mein ältester Sohn könnte es auch gut gebrauchen, seine Schule liegt vier Kilometer weit entfernt. Ich fahre ihn jeden Morgen vor der Arbeit zur Schule und nach Hause muss er zu Fuß gehen", protestierte Abdalla.

Zum Glück redete er so schnell, dass Gerhard nicht alles verstehen konnte. Sein unzufriedener Gesichtsausdruck entging meinem Mann aber nicht. Um die Situation etwas zu entschärfen, erfand ich die Ausrede, dass ich mit Abdallah über die Erhöhung der Lebensmittelpreise redete.

Es war nicht das erste Mal, dass Abdalla nicht genug bekommen konnte und sich nicht auf das Geschenk freute. Gibst du einem einen Finger, will er dann die ganze Hand; gibst du ihm die Hand, will er gleich den ganzen Arm, sagt ein altes Sprichwort. Als Gerhard nicht dabei war, übersetzte ich dem Gärtner dieses Sprichwort, der es aber nicht verstehen wollte. Und ohne auf seinen Kommentar zu warten, erklärte ich die Sache für erledigt. So werde es gemacht, ohne weitere Diskussion.

Als Laki drei Tage später kam, übergab ich ihm das Fahrrad. Er stand zuerst sprachlos da, schaute das Gerät an, dann streichelte er es und begann zu strahlen.

„Mama, ist das wahr? Gehört es jetzt mir? Für immer? Oh, da wird sich meine Mutter freuen. Für mein Geschäft kann ich ab nun mehr transportieren", redete er ohne Punkt und Komma.

„Na, es ist eigentlich in erster Linie für die Schule gedacht. Ich habe gehört, dass du in den letzten Monaten selten hingegangen bist", unterbrach ich den glücklichen Jungen.

„Ja, schon, nach den Ferien gehe ich wieder zur Schule. Versprochen. Aber nach dem Unterricht, kann ich doch etwas Business betreiben. Wir brauchen doch Geld. Kann ich gehen, ich will sofort meiner Familie dein Geschenk zeigen?", fragte er mich und ohne meine Antwort abzuwarten, wünschte er mir noch einen schönen Tag.

Ich stand noch einige Minuten am Tor und beobachtete, wie er die Straße entlang ging und mit sich selbst oder mit dem Fahrrad redete.

Nach drei Wochen war Lenas Urlaub zu Ende. Am letzten Abend vor dem Abflug ging sie noch zum Strand und traf dort Laki mit einigen jungen Männern, die sie jeden Tag am Strand gesehen hatte. Sie verkauften verschiedene Halsketten und Armbänder.

Diese neue Geschäftsidee von Laki gefiel mir nicht. Es ging nicht um die Halsketten, sondern um die neuen „Geschäftsfreunde", die Beachboys. Als er nach einigen Tagen die Lebensmittel für seine Familie abholte, sprach ich ihn darauf an.

„Weißt du, Mama, Orangen gibt es nicht immer, wie zum Beispiel zu dieser Jahreszeit. Ein Nachbar schlug mir vor, die Halsketten, die er selbst macht, am Strand zu verkaufen. Für eine Kette verlangt er hundert Shilling. Wenn ich sie für zweihundert verkaufe, habe ich hundert Shilling verdient. Dafür müsste ich zwanzig Orangen haben und einen Käufer für sie finden. Und die Ketten sind viel leichter als Orangen. Und wegen der Beachboys mach dir keine Sorgen. Sie verlangen zwar für jede verkaufte Kette eine Provision, aber mir bleiben trotzdem noch fünfzig Shilling. Manchmal habe ich Glück und verkaufe auf der Straße welche. Mama, willst du nicht eine Kette kaufen? (Kaufen?) Für dich mache ich einen Sonderpreis, nur 150 Shilling." Er holte gleich einige Ketten aus der Hosentasche.

Ich musste schmunzeln, der Geschäftsmann Laki. Ich suchte mir zwei Ketten aus und brachte ihm 300 Shilling. Eigentlich erwartete ich, dass er mir eine Kette schenkte, was ich nicht angenommen hätte.

„Heute ist mein Glückstag, ich habe hundert Schilling verdient", bedankte er sich strahlend und rannte los.

Am nächsten Tag klopfte Laki schon wieder am Tor. Er war ziemlich aufgeregt.

„Mama, kannst du mir 500 Shilling geben? Ich bringe dir morgen viele Früchte aus Ukunda", sagte er schnell und schaute mir dabei nicht in die Augen.

„Warum aus Ukunda? Hier um die Ecke kann ich alles kaufen, was ich brauche. So viele Früchte brauchen wir nicht. Hast du wieder eine neue Idee, wie du Geld verdienen kannst? Aber du hättest für die einhundert Shilling, die du gestern mit den Ketten verdient hast, Früchte kaufen und sie mit etwas Gewinn wiederverkaufen können. So hättest du heute vielleicht schon 200 Shilling", belehrte ich ihn.

„Mama, aber ich brauche das Geld heute, dringend", wurde er lauter.

„Ich kann dir nicht jeden Tag Geld geben", blieb ich hart und ging ins Haus.

Drei Tage meldete er sich nicht, worüber ich nicht unglücklich war. Sein Benehmen und befremdender Blick beim letzten Besuch enttäuschten mich sehr. Waren das die ersten Folgen des Einflusses der neuen „Strandfreunde"?

Am dritten Abend kam Laki, diesmal in Begleitung eines alt aussehenden kleinen Mannes in zerrissenen Kleidern, der behauptete, er sei Fundi („Fachmann") für Fahrräder und spreche etwas Deutsch.

„Fahrrad kaputt, Laki nicht Schule gehen. Ich reparieren, gehen kaufen Teile, zwei Tagen fertig Fahrrad. Kostet 2.000 alles. Gut Preis für Laki. Mama müssen Geld geben heute."

„Warum so teuer? Welche Ersatzteile werden getauscht und was kosten sie? Was verlangst du für die Arbeit?", fragte ich misstrauisch.

„Kosten Teile 1.500, Arbeit 500; ich nicht sagen Deutsch Teile, ich sagen Suaheli", und er begann wahrscheinlich alles aufzuzählen, weil er dabei seine Finger einen nach dem anderen bog. Genauso hätte er mir das alles auf Chinesisch sagen können. Ich verstand kein Wort.

Jetzt stand ich wieder vor einem Problem und es ging wieder ums Geld. Leider gab es niemanden, den ich um Rat fragen konnte. Ich entschied mich Laki noch einmal zu unterstützen und teilte den beiden Folgendes mit.

„Gut, ich gebe euch das Geld für die Ersatzteile, aber die Arbeit bezahle ich erst, wenn ich das Fahrrad sehe und die Rechnungen in der Hand habe. Und keine Diskussion mehr."

Meine Entscheidung wurde vom Fundi nicht sehr begeistert akzeptiert. Bei Laki hatte ich den Eindruck, dass ihm ein Stein vom Herzen fiel, und in seinem Lächeln erkannte ich einen kurzen Augenblick meinen Orangensohn.

Nach zwei Tagen kam Laki allein mit dem Fahrrad. Er zeigte mir einige zerknitterte Papierstücke und meinte, es seien Rechnungen. Am Fahrrad konnte ich nichts Neues entdecken. Laki versuchte mir zu erklären: „Die Straßen sind sehr schlecht und staubig, so sieht etwas Neues schnell alt aus."

Er wies mich auf den Lenker und das vordere Rad hin und behauptete, es sei hier einiges erneuert worden. Ich übergab ihm die restlichen 500 Shilling und fragte, wie es seiner Mutter gehe.

„Sie ist noch sehr schwach, aber es geht ihr besser. Ich soll dich von ihr grüßen und für die Lebensmittel danken. Jetzt muss ich aber gehen, es wird bald dunkel. Morgen gehe ich in die Schule." Dann ging er, ohne mich anzusehen.

Die sechs Wochen unseres Aufenthaltes gingen dem Ende zu. Da die Medikamente für Lakis Mutter bezahlt waren und ihr Befinden nach Lakis Worten sich in dieser Zeit nicht verschlechterte, rief ich den Arzt nicht an. Am vorletzten Abend meldete unser Gärtner einen Besuch an. Der Arzt sei gekommen. Ich bat ihn herein.

„Jambo, Mama Luba. Ich warte seit Wochen auf deinen Besuch. Jetzt erfahre ich, dass ihr schon bald zurückgeht. Da musste ich bei euch vorbeischauen und fragen, wie es dir und deinem Mann geht und mit dir über Lakis Mutter sprechen." So begrüßte mich der nette Mann.

Nachdem ich ihm berichtete, dass Gerhard bei diesem Aufenthalt kleine Fortschritte gemacht hatte, wir die Zeit in Kenia genießen konnten und hofften vielleicht schon im Dezember wiederzukommen, freute er sich sehr. Dann wurde er nachdenklich. Ich merkte, dass ihm etwas auf dem Herzen lag und er nicht wusste, wie er anfangen sollte. Ich fragte dann nach dem Zustand von Lakis Mutter.

„Das ist es, worüber ich mit dir sprechen muss. Ich habe sie das letzte Mal gesehen als du mit deinen Gästen im Krankenhaus warst. Die Medikamente holte früher ihr Sohn ab, jetzt kommt jeden Monat ihre Nachbarin. Diese berichtete mir auch, dass sie der Frau im Haushalt hilft, weil sich sonst niemand mehr um die kranke Frau kümmert. Vor kurzem erzählte sie mir, dass der älteste Sohn Laki sehr selten zu Hause sei, neulich aber da gewesen wäre und Lebensmittel gebracht hätte. Ich wollte die Kranke schon einige Male untersuchen und wurde immer mit dem Versprechen vertröstet, sie würde nächste Woche ins Krankenhaus kommen. Es sind schon viele Wochen vergangen. Heute, bevor ich zu euch kam, schaute ich bei ihr vorbei, es war aber niemand zu Hause. Ich mache mir Sorgen, weil ich nicht weiß, was mit der Frau los ist, ob sie die Medikamente bekommt und wie es der Familie geht. Weißt du vielleicht etwas?"

Ich überlegte kurz und fragte, ob er von der Verwandtschaft der Frau wüsste, von einer Schwester oder einem Bruder, die in der Nähe wohnen sollten.

„Lakis Familie hat keine Verwandtschaft in diesem Dorf, sie leben alle an der Nordküste und ich habe in den letzten Jahren nie gehört, dass jemand hier zu Besuch war. Mir ist aber zu Ohren gekommen, dass Laki Probleme mit der Polizei hat, ich weiß aber nicht, warum", berichtete der Arzt.

Ich schwieg eine Weile und dachte nach, ob ich ihm von den angeblichen Krankenhausbesuchen mit dem Taxi erzählen sollte. Mit schlechtem Gewissen behielt ich es dennoch für mich und erwiderte, nichts Genaueres zu wissen; nur, dass Laki jede Woche die Lebensmittel bei mir abholte.

„Jede Woche seit ihr in Kenia seid?", wunderte sich der Mann. „Die Nachbarin hat mir nichts davon gesagt. Es ist aber gut, auch für die Kinder, sonst müssten sie hungern."

Der Arzt verabschiedete sich bald und für mich brach eine Welt zusammen.

Die Geschichte mit den Schulden, mit den 500 Shilling, mit dem Fahrrad – das alles war gelogen? Wie konnte Laki mir das antun? Mein Vertrauen und meinen guten Willen ihm und seiner Familie zu helfen so zu missbrauchen! In der Nacht konnte ich keine Ruhe mehr finden, an nichts anderes denken und wälzte mich im Bett. Gerhard fragte, ob ich schon Reisefieber hätte, was ich bestätigte. Vor der schwierigen Reise wollte ich ihn mit diesen Problemen nicht belasten.

Am letzten Tag unseres Aufenthaltes rief mich vormittags der Gärtner unserer Nachbarin an. Ich solle rauskommen und nachschauen, er sehe seit den Morgenstunden eine alte Frau vor unserem Tor sitzen, die wahrscheinlich zu mir wolle.

Ich konnte meinen Augen nicht trauen: es war Lakis Mutter. Nachdem mich die schwache dürre Frau mit müdem und besorgtem Blick angesehen hatte, versuchte sie aufzustehen. Ich half ihr dabei und stützte sie an die Wand, weil sie kaum auf den Beinen stehen konnte. Ich wusste, dass sie kein English sprach. Deshalb zeigte ich ihr mit der Hand, dass sie hereinkommen solle. Das wollte sie nicht und öffnete gleich eine schwarze mit Zitronen gefüllte Einkaufstüte und versuchte, mir diese in die Hand zu drücken. Mit meinem dürftigen Suaheli und mit Zeichen versuchte ich ihr zu erklären, dass wir morgen früh abreisen und ich keine Zitronen mehr brauche. Sie verstand mich nicht, gab mir aber zu verstehen, dass es ein Geschenk sei und sie dafür kein Geld wolle.

Mit Tränen in den Augen sagte sie wieder und wieder, dass sie sich sehr für das Essen bedanke, ich aber Laki kein Geld mehr geben solle. Er gebe es für Drogen aus, sie habe ein großes Problem mit ihm und mit der Polizei.

Ich war sehr wütend auf Laki. Wie konnte er nur in so kurzer Zeit auf die schiefe Bahn geraten?

Ich bat die Frau einen Moment zu warten und ging ins Haus, packte in eine Stofftasche alles, was noch an Lebensmitteln übrig gebliebenen war, eine Packung Milch, halbvolle Dosen mit Zucker und Mehl, eine Flasche Wasser, nahm den Rest vom kenianischen Geld und brachte das alles hinaus.

Die Frau war nicht mehr da. Ich sah sie wackelig die Straße entlanggehen. Ich holte sie ein, drückte ihr die Tasche in die Hand, worauf sie anfing zu weinen, ohne stehenzubleiben.

Sie tat mir so leid, dennoch konnte ich in diesem Moment nichts für sie tun.

Das erste Mal, seit wir nach Kenia kamen, war ich froh zurück nach Hause zu fliegen. Bei jedem Aufenthalt gab es Probleme, aber diese bittere Enttäuschung konnte ich schwer verkraften. Wer weiß, was noch kommen würde.

Nach einigen Wochen in Deutschland begann uns jemand aus Kenia am Telefon zu terrorisieren. Jeden Abend nach 22 Uhr klingelte es zwei-, dreimal und hörte dann auf, noch bevor sich der Anrufbeantworter einschaltete. Nach einigen Minuten ging es wieder los. Die Nummer war mir nicht bekannt, aber ich konnte mir denken, wer es sein könnte. Als meine Geduld an einem Abend zu Ende war, hob ich ab und fragte, wer am Telefon sei. Ich hörte nur eine männliche Stimme: „Ruf mich zurück." Es war nicht Laki.

Nach einer Stunde ging es wieder los. Es war schon Mitternacht, das heißt in Kenia bereits 2 Uhr. Diese Aufdringlichkeit fand ich schon unverschämt und ich schaltete für die Nacht das Telefon ab.

Am nächsten Morgen rief ich unseren Kindergartenleiter Bakari an. Er kannte inzwischen Laki und seine Familie, deshalb erzählte ich ihm von meinem Problem und äußerte die Vermutung, es könnte Laki oder einer seiner „Freunde" sein. Bakari erzählte mir: „Oh, Mama, ich wollte es dir nicht sagen, aber es hat sich schon rumgesprochen, dass Laki Schulden hat. Das Fahrrad, das du ihm geschenkt hattest, musste er verkaufen. Für 2.000 Kenia-Shilling. Aber das Geld reicht vermutlich nicht. Mama, sende mir per SMS die Telefonnummer, die dich belästigt, und ich werde in Erfahrung bringen, wer hinter den nächtlichen Anrufen steckt."

Ich legte auf, sendete Bakari die Nummer und erinnerte mich an die glücklichen Augen des Jugendlichen, als ich ihm vor einem Jahr das Fahrrad überreichte. Für die Schule, für sein Business.

Mein Gewissen meldete sich mit Fragen: Habe ich ihm vielleicht alles zu leicht gemacht, zu viel geschenkt, zu sehr verwöhnt? Waren die 100 Euro ausschlaggebend, dass der Junge auf die schiefe Bahn geraten war?

Er hatte sich aber so liebevoll und fürsorglich um seine Mutter und kleinen Geschwister gekümmert, dass ich nie auf die Idee gekommen wäre, dass er das Geld für etwas anderes ausgeben würde, geschweige denn für Drogen. Was war in der kurzen Zeit geschehen?

Einige Tage lang meldete sich aus Kenia niemand, worüber ich sehr froh war. Auch das Telefonmobbing hörte auf.

Dann kam die niederschmetternde Nachricht von Bakari: Laki wurde in einem Schnellverfahren, welches in Kenia normal ist, wegen Diebstahls zu drei Jahren Gefängnisstrafe verurteilt.

Das war nun das vorläufige Ende der Geschichte meines Orangensohns.

Um diese letzten Ereignisse im Januar 2014 zu Papier zu bringen, hatte es drei Jahre Überwindung gebraucht. Bei unseren weiteren Besuchen in Kenia vermieden alle meine kenianischen Bekannte und Freunde über dieses Thema zu sprechen. Ich suchte nicht mehr nach Antworten. Ich weiß nicht, wie es Laki jetzt geht und was aus ihm geworden ist. Und ich weiß nicht, ob ich es wissen will. Vielleicht irgendwann mal.

Mit dem Rollstuhl nach Afrika

Im September 2007 hatten wir unsere Integramus-Academy im Dorf Biga eröffnet. Zurückgekehrt nach Deutschland liefen die Vorbereitungen für zwei Informationsveranstaltungen auf Hochtouren, am 28. September in Tübingen, am 6. Oktober in Reutlingen. Bei diesen Events wollten wir unter anderem unsere Sponsoren und Spender über die Fortschritte der Kenia-Projekte informieren. In Tübingen fanden unsere Vorträge ein sehr großes Interesse und die anschließende Diskussion moderierte mein Mann. Die Veranstaltung in Reutlingen haben wir leider ohne meinen Mann durchführen müssen.

Am 02. Oktober 2007 veränderte sich unser Leben von einer Minute auf die andere. Es war ein schöner Herbsttag und Gerhard und ich waren mit meiner Schwägerin und ihrem Mann zum Essen verabredet. Nach dem Besuch eines guten schwäbischen Restaurants überredete Gerhard seine Schwester noch zu uns zu kommen und zum Abschluss des schönen Abends am Kaminfeuer ein Gläschen Wein zu trinken. Mein Mann zündete sich seine Pfeife an und der Duft seines Tabaks verbreitete sich im ganzen Haus.

Mitten in der Unterhaltung verdrehte Gerhard seine Augen und sprach so verwirrt als ob er total betrunken wäre. Ich fragte, ob es ihm gut ginge. Ein paar Sekunden lang reagierte er gar nicht, dann schaute er mich verwundert an und behauptete, es sei alles in Ordnung, wieso ich ihn überhaupt frage. Als er den zweiten Teil der Frage auch undeutlich beantwortet hatte und erneut die Augen verdrehte, klingelten bei mir alle Alarmglocken. Ich rief sofort den Notarzt an und äußerte meine Vermutung: Schlaganfall. Nach 10 Minuten war der Krankenwagen da. Der Arzt bestätigte meinen Verdacht und mein Mann wurde sofort ins Krankenhaus gebracht. Später berichtete mir der Notarzt, dass die Ärzte unterwegs Wiederbelebungsmaßnahmen ergreifen mussten. Auf der Intensivstation angekommen erwartete mich die nächste schockierende Botschaft: wenn Gerhard die Nacht überhaupt überlebte, dann wäre das Schlimmste überstanden, aber eine halbseitige Lähmung werde höchst wahrscheinlich bleiben.

Die Nacht verbrachten meine Tochter und ich im Krankenhaus. Als wir am frühen Morgen erfuhren, dass wir meinen Mann besuchen dürften, waren wir sehr glücklich: das hieß Gerhard lebte. Dass die linksseitige Lähmung bleiben würde, war in diesem Moment nebensächlich. Er erkannte uns sofort und konnte sogar sprechen. Er fragte uns, was er hier überhaupt mache, und wann wir ihn nach Hause bringen würden. Seine optimistische Einstellung gab uns die Hoffnung, es wird alles gut. Vielleicht kehrt er nach der Reha in das alte Leben zurück. Zudem war mein Mann vor dem Schlaganfall ein Kämpfer.

Leider brachten 4 Monate Aufenthalte in verschiedenen Kliniken keine Besserung. Der linke Arm und das Bein blieben gelähmt. Mein Mann konnte alleine nichts mehr: weder aus dem Bett aufstehen, noch alleine ein paar Sekunden stehen bleiben. Er konnte alleine den Rollstuhl nicht bewegen und für alle menschlichen Bedürfnisse brauchte er Hilfe. Tag und Nacht.

Die ersten Monate zu Hause waren für mich, meine Tochter und natürlich für Gerhard eine Zerreißprobe. Man zeigte mir in der Rehaklinik zwar, wie man bei einem erwachsenen behinderten Menschen Windeln wechselt, nur in der Praxis funktionierte alles bei einer ungelernten Pflegekraft wie mir sehr mühsam. Zudem war das für mich sehr kraft- und zeitaufwendig. Genauso ging es uns mit dem Transfer aus dem Bett in den Rollstuhl und zurück. Mein Mann war 1,87 m groß und wog 120 kg. So viel brachten wir zwei Frauen zusammen gerade mal auf die Waage.

Bei seinem klaren Verstand war Gerhard voll bewusst, was seine Pflege von mir und von unserer Tochter erforderte. Deshalb stellte seine Unbeweglichkeit mit jedem weiteren Tag nicht nur ein körperliches Problem dar. Die Frustration über seine eingeschränkte Mobilität führte bei ihm zu immer wieder auftretender gedrückter Stimmung und Niedergeschlagenheit.

Zu allen diesen neuen Herausforderungen und Belastungen kam noch der Kampf mit der Pflegekasse um Genehmigungen für die notwendigen Geräte, Therapien und Windeln, die für empfindliche Haut geeignet waren. Die Anträge auf einen höheren und breiteren Rollstuhl sowie auf einen Toilettenstuhl, der für einen Mann geeignet war, wurden abgelehnt. Erst nach einem Anwaltsschreiben wurden diese Hilfsmittel genehmigt.

Wir brauchten Unterstützung.

Übers Internet fand ich die Adresse einer Beratungsstelle und kontaktierte den für unsere Gegend zuständigen Pflegedienst. Die Leiterin persönlich übernahm das erste Beratungsgespräch, bei dem es hieß, wir unterstützen Sie gerne in allen Bereichen der Pflege, Hauswirtschaft und Betreuung. Doch diese Beratung richtete sich in erster Linie auf die von diesem Pflegedienst zu erbringenden Pflegeleistungen, welche in einem dicken Preis- und Leistungskatalog aufgelistet und die Leistungen im Minutentakt berechnet wurden. Als ich nur grob die für Gerhard notwendige häusliche, vierundzwanzigstündige Pflege überschlug und bei ca. 7.000 Euro pro Monat aufhörte zu rechnen, stellte ich der Beraterin folgende Frage: „Woher sollen wir so viel Geld nehmen und wer kann das überhaupt bezahlen?"

Ihre Antwort war frustrierend. Zuerst sollten wir das Haus verkaufen und wenn dieses Geld aufgebraucht wäre, sollten wir uns an das Sozialamt wenden.

Ich fand das mehr als unfair. Gerhard hatte über 45 Jahre lang die höchsten Beiträge in die Kranken- und Pflegeversicherung eingezahlt, erarbeitete sich mit harter Arbeit sein Heim, investierte viel Herzblut darein und weil er pflegebedürftig geworden war, drohte ihm und seiner Familie der Umzug in eine Sozialwohnung. Das würde er nicht überleben. Zum Glück war er bei diesem Gespräch nicht dabei und ich erzählte ihm nur einen Teil davon.

Nach dieser Beratung sank auch mein Optimismus. Es fehlten uns noch mehr Informationen als davor. Ebenso erschwerte Bürokratie unser Leben. Beim Antrag auf den Behindertenparkausweis entschied ein Beamter des Landratsamts, dass ein halbseitig gelähmter Mann, der sich allein gar nicht bewegen kann und auf den Rollstuhl angewiesen war, nur einen Grad der Behinderung von 60 verdient. So stand uns kein Behindertenparkausweis zu. Erst nach einem zweijährigen Bürokratiekampf bekamen wir die Genehmigung auf Behindertenparkplätzen zu parken.

Alle diese Probleme und die 24-Stunden-Pflege rückten unseren Traum Kenia wieder zu sehen in weite Ferne. In sehr weite Ferne. Dennoch begleiteten uns täglich die Erinnerungen an unsere Kinder in Afrika. Diese gaben uns die Kraft, unser Ziel nicht ganz aus den Augen zu verlieren. Wir schauten uns oft die Fotos an. Während der Physiotherapie erzählte mein Mann den jungen Therapeutinnen von unseren Projekten und Erlebnissen in Kenia. Bei einer Therapeutin namens Svenja weckten diese Geschichten ein besonderes Interesse und begeisterten die junge Frau so sehr, dass sie uns motivierte, die Reise nach Kenia zu wagen.

Sie würde uns mit ihrer Freundin begleiten und mich unterwegs und dort bei der Pflege unterstützen.

Auf die Idee mit dem schwerbehinderten Mann im Rollstuhl nach Afrika zu reisen, wäre ich wahrscheinlich allein nie gekommen. Ich war oft sehr verzweifelt und total aus der Bahn geworfen. Auch meine Kräfte schienen mich manchmal zu verlassen, da aus den ersten schlaflosen Nächten nach dem Schlaganfall erst Wochen, dann Monate und schließlich Jahre wurden, und eine Besserung nicht in Sicht war. Die Idee erneut nach Afrika zu reisen, löste ein bisschen Hoffnung aus.

Nach vielen Überlegungen begannen wir uns auf das Abenteuer mit dem Rollstuhl nach Afrika zu reisen vorzubereiten. Damals wusste ich nicht, worauf ich mich wirklich einlasse!

Das erste Problem ließ nicht lange auf sich warten. Wir stellten fest, dass der Reisepass meines Mannes abgelaufen war. Für den neuen Pass müssten Fotos gemacht und danach auf dem Rathaus Fingerabdrücke abgegeben werden. Unser Rathaus in Oferdingen ist nicht behindertengerecht, so mussten wir in die Stadt.

Die ersten Strapazen fingen an.

Kaum jemand, der nicht mit behinderten Menschen zu tun hat, kann sich vorstellen, wie schwer es ist, einen großen und ziemlich schweren halbseitig gelähmten Mann im Bett anzuziehen, dann in den Rollstuhl zu setzen, über eine Rampe aus dem Haus heraus, die nächste Rampe zur Garage hinauf zu schieben und vom Rollstuhl in das Auto zu setzen. In der Stadt wieder aus dem Auto zurück in den Rollstuhl und durch die nicht unbedingt rollstuhlfreundlichen Straßen in Reutlingen und mit wenig Fahrerfahrung mit einem Rollstuhl ins Fotoatelier vor die Kamera zu bringen! Puh!

Die nächste Herausforderung war, durch die Stadt bis zum Rathaus zu kommen. Die Abnahme der Fingerabdrücke der rechten (funktionsfähigen) Hand bereitete keine Probleme, aber mit der verkrampften, gelähmten linken Hand war es sehr schwierig an das auf dem Tisch befestigte Gerät zu gelangen. Mehrfache Versuche endeten ohne Erfolg und der Beamte akzeptierte nur die Fingerabdrücke der rechten Hand. Noch mal Puh!

Jetzt zurück nach Hause. Man kann den vorletzten Absatz rückwärts lesen: ins Auto, aus dem Auto, Rampe runter, Rampe hoch, ausziehen, ins Bett bringen. Und dazwischen immer wieder dieser Rollstuhl.

Mein Mann lag nach dem vierstündigen „Ausflug" total kaputt im Bett und ich hatte Schmerzen in allen meinen Körperteilen.

Das war erst der Anfang und ich stellte mir die Frage, ob wir weitermachen sollten. Als am nächsten Tag Gerhard mich als Erstes fragte, ob sein Pass fertig wäre, und ob ich die Flüge gebucht hätte, erübrigte sich die Antwort auf meine Frage.

Entscheidend für die geplante Aktion war die Klärung, ob mein Mann eine lange Flugreise aus gesundheitlichen Gründen antreten dürfte. Es folgten einige Arzttermine, Untersuchungen, Atteste, Impfungen und diverse Gespräche. Es klingt alles nicht so dramatisch, aber der Weg in eine Arztpraxis hin und zurück, sowie das An- und Ausziehen zu Hause und beim Arzt, kostete uns beide viel Kraft, Geduld und Nerven. Manche Ärzte und Bekannte warnten uns vor einer Afrikareise, vor einem langen Flug und fanden die Idee verrückt. Andere motivierten uns. Die Entscheidung mussten wir beide treffen, aber bei uns waren die Würfel schon gefallen: wir fliegen nach Afrika.

Nach einem Monat holten wir den neuen Pass ab und die Vorbereitungen gingen weiter: Rezepte holen, Medikamente besorgen, Versicherungen abschließen, Flüge buchen, Behindertenplätze im Flieger und den Behindertenservice am Flughafen reservieren, mehrfach in Kenia anrufen und dort alles arrangieren, ein entsprechend großes Auto hier und in Kenia organisieren, einkaufen, packen und das alles zusätzlich zu der täglichen und nächtlichen Pflege.

Es waren einige turbulente Wochen, begleitet von ständiger Angst etwas Wichtiges vergessen zu haben. Wir wussten wohl sehr gut, wohin wir gehen. Dorthin, wo es kein elektrisch verstellbares Krankenbett, keinen Toilettenstuhl, keine Inkontinenzartikel für Erwachsene, keine Hilfsmittel außer des mitgebrachten Rollstuhls und des Gehstocks und kein ausgebildetes Pflegepersonal gab. Ob das gutgehen würde?

November 2008

Ein nachträgliches Dankeschön in erster Linie an meine Tochter Christina, meine Schwester Vera und die vielen Helfer, die uns vom Packen bis zur Ankunft in Kenia begleitet haben.

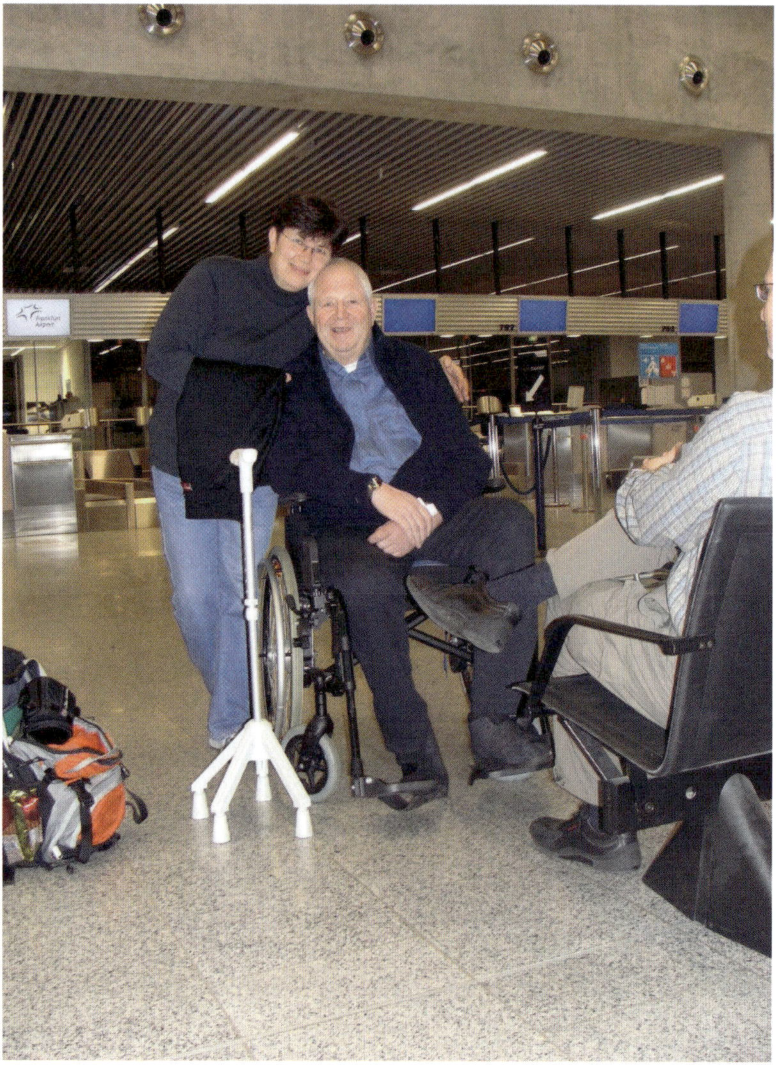

Am Abflugtag stand ich vor 2 großen Koffern sowie 2 großen und 2 kleinen Taschen. Den Gehstock und den Rollstuhl mussten wir auch noch mitnehmen, natürlich auch den großen schweren halbseitig gelähmten Mann.

Die Autofahrt nach Frankfurt verlief ziemlich gut und schon nach zwei Stunden standen wir vorm Condor-Schalter am Flughafen. Dort wurden wir sofort von der Behindertenbetreuung abgeholt, zum Gate gebracht und ins Flugzeug transportiert. Mein Mann wurde von zwei starken Männern vom Rollstuhl auf seinen Platz umgesetzt. Mein erster Gedanke war: Wow, ich will am Flughafen leben – geräumige Behindertentoiletten, keine Angst irgendeine Tür zu rammen, immer jemand zur Hilfe da.

Die erste Ernüchterung kam im Flugzeug. Warum sind Behindertenplätze so eng? Oder sitzen wir doch auf dem falschen Platz? Auf den ersten (auch den zweiten) Blick gab es gar keinen Unterschied zu normalen Plätzen, keinen Zentimeter mehr Platz. Nur die äußere Armlehne konnte man hochklappen, was bei meinem großen Mann nicht viel Erleichterung brachte. Auf den Fensterplatz musste Gerhard fast gepresst werden, für mich blieb kaum noch Platz übrig.

Während des Fluges bewegte Svenja jede Stunde die Beine meines Mannes zur Thromboseprophylaxe. Beim Essen konnten wir nur einen Tisch aus-klappen, so musste ich beide Tabletts auf meinen Tisch stellen und meinen Mann füttern, obwohl ich mich selbst kaum bewegen konnte. Immer wieder fiel etwas auf meinen Schoss oder auf den Boden. Es funktionierte alles eher schlecht als recht. Von schlafen war gar keine Rede.

Nach ca. 4 Stunden unbeweglichen Sitzens beklagte sich mein Mann über Schmerzen in allen seinen Gliedern, besonders im Kreuz und er bat mich ihm zu helfen sich aufzurichten, um ein paar Minuten stehen zu können. Zusammen mit Svenja schoben wir ihn millimeterweise vom Fenster auf den Gangplatz und hoben ihn mit aller unserer Kraft hoch.

Bei dieser Aktion war es unvermeidlich, dass wir uns auf die vorderen und hinteren Sitzlehnen stützen mussten und damit die anderen Fluggäste störten. Obwohl wir uns mehrfach bei allen entschuldigten, reagierten viele ziemlich aggressiv. Man solle doch lieber zu Hause bleiben.

Nach einigen Minuten Stehen setzten wir Gerhard auf meinen Gangplatz und ich musste irgendwie auf den Sitz am Fenster kommen.

Gerhard erinnerte sich an ein Erlebnis während unserer ersten Reise mit dem Auto in die Ukraine im Jahr 1994 und erzählte Svenja diese Geschichte:

Mitten in den ukrainischen Wäldern hatten die Lichtmaschine und die Batterie unseres Wagens den Geist aufgegeben. Wir wurden von einem Militärlastwagen abgeschleppt. Da es lange geregnet hatte, die Straßen in der Ukraine viele Schlaglöcher haben und unsere Scheibenwischer nicht mehr funktionierten, war die Windschutzscheibe in ein paar Minuten so verschmiert, dass ich absolut nichts mehr sehen konnte. Zum Glück hatten wir ein handbetriebenes Schiebedach. Luba stellte sich mit einem Bein auf den Beifahrersitz, mit dem anderen auf die Fahrersitzlehne, die obere Körperhälfte ragte aus dem Schiebedach. Unsere Tochter reichte ihr alle zur Verfügung stehenden Tücher und so wischte Luba die Scheiben von außen ab. Beim Durchfahren der Dörfer winkten uns die Menschen zu, da sie dachten, dass ein Film gedreht würde. Als wir an der Reparaturwerkstatt ankamen, konnte man die Farbe des Autos nicht mehr erkennen, die Farbe von Lubas Haaren und Kleidung ebenso wenig.

Dieses akrobatische „Talent" auf Sitze zu steigen, musste ich gezwungenermaßen während des zehnstündigen Fluges öfter einsetzen.

Diese Nacht schien mir extrem lang zu sein und ich begann wieder am ganzen Unternehmen zu zweifeln. 3 Stunden Fahrt zum Flughafen Frankfurt, 10 Stunden Flug, etwa 2 Stunden Transfer vom Flughafen Mombasa zum Haus, 6 Wochen Aufenthalt in Kenia und dann wieder der Flug nach Deutschland! Mich grauste es jetzt schon vor dem Rückflug.

Endlich wurde der Himmel heller, die ersten purpurroten Sonnenstrahlen dämmerten am afrikanischen Horizont und der traumhafte Blick von oben auf den Kilimandscharo erfreute unsere müden Seelen. Unser Flugalbtraum ist bald zu Ende, in 30 Minuten werden wir in Kenia landen!

Nach der Ankunft wurde uns mitgeteilt, dass wir als letzte Passagiere das Flugzeug verlassen würden und dass der Behindertenservice benachrichtigt worden wäre. Nachdem alle Fluggäste ausgestiegen waren, kamen fünf uniformierte Flughafenmitarbeiter. Sie sahen sich den „Patienten" an und begannen auf Suaheli laut und lange zu diskutieren. Wir verstanden natürlich kein Wort, aber die Gestikulation und die besorgten Gesichter deuteten auf den Inhalt der Unterhaltung hin: wie kann man den großen Mann aus dem Flieger holen? Dann gingen einige Mitarbeiter weg, andere kamen dazu. In den schmalen Gängen des Fliegers wurde es immer geschäftiger und in diesem Hin und Her wurde mein Mann auf einem engen Rollsitz zum Ausgang eher getragen als gefahren und dort in seinen Rollstuhl umgesetzt.

Über die Passagierbrücke kamen wir sehr bequem in das Flughafengebäude und die Pass- und Zollformalitäten wurden schnell erledigt, da wir die letzten Passagiere waren.

Die erste Hürde war geschafft.

Unsere kenianische Abholtruppe wartete schon mit einem kleinen Bus auf uns. In dem Bus war allerdings nicht genug Platz für uns alle. Jeder versuchte irgendwie zu helfen und es war wieder so ein Durcheinander, dass ich Sorgen hatte, wir könnten entweder etwas oder jemanden vergessen oder verlieren. Als endlich alle im Bus saßen, ging die Fahrt zu unserem Quartier los.

Das Buschtelefon verbreitete sehr schnell die Nachricht über unsere Ankunft. Die Anteilnahme der Einheimischen an unserer neuen Situation war sehr rührend. Alle Nachbarn boten ihre Hilfe an und dennoch wusste keiner, wie man mit einem hilfebedürftigen Gerhard umgehen sollte. Früher hatte seine Energie, Motivation, Hilfsbereitschaft für drei gereicht. Ihn jetzt so hilflos im Rollstuhl sitzen zu sehen war besonders herzzerreißend. Viele drehten sich um und wischten sich die Tränen aus ihren Augen.

Gleich am ersten Abend erzählte uns der Nachtwächter die Geschichte seines Bruders, der vor einem Jahr auch einen Schlaganfall erlitten hätte und dank des Buschdoktors heute selbstständig und ohne Stock gehen könne. Wir sollten unbedingt meinen Mann vom einheimischen Heiler behandeln lassen. Über diese Behandlung erzähle ich in der Geschichte „Der Buschdoktor und der deutsche Patient".

Fast jeden Tag machte Svenja mit Gerhard Therapie im Pool. Ich unterstützte sie und lernte dabei sehr viel. Nach zwei Wochen gemeinsamer Übungen meinte Svenja, ich könnte bald als Physiotherapeutin arbeiten. Gerhard genoss das

Wasser und freute sich wie ein kleines Kind, wenn ich ihn im Wasser auf Händen „trug“. Wir alle waren begeistert von den Fortschritten und seiner Motivation. Schon nach zwei Wochen ging unser Patient ein paar Schritte mit seinem Stock. Unvorstellbar, wenn man sah, wie unsicher er noch vor der Reise auf den Beinen war.

Die größte Freude aber brachte Gerhard unser gemeinsamer Besuch im Kindergarten. Die Kinder sangen uns neu erlernte Lieder vor und jedes Kind wollte den Rollstuhl schieben oder auf Gerhards Schoß sitzen.

Alle waren sehr glücklich. Die Kinder und unsere Mitarbeiter strahlten genauso wie Gerhard und ich.

Nach 3 Wochen mussten unsere Begleiterinnen zurück nach Deutschland und wir blieben allein im großen Haus mit einem schönen Pool.

Für Gerhard begannen nun die Tage, an denen er den Pool nur anschauen, aber nicht ins Wasser gehen konnte. Eine Zumutung!

Eines Tages tat er mir so leid, dass ich ihn fragte, ob wir es allein versuchen sollten, 6 Stufen in den Pool und natürlich 6 Stufen zurück aus dem Pool zu schaffen. Eine sehr riskante Aktion.

Als ich unserem Gärtner erklärte, was wir vorhaben, und ihn bat mir zur helfen, schüttelte er nur den Kopf: „Oh Mama, das ist so gefährlich!" Gerhard dagegen war so begeistert und motiviert, dass er alle seine Kräfte zusammennahm. Schritt für Schritt schob und hob ich langsam sein linkes Bein die Stufen runter und wir schafften es in den Pool. Der Weg zurück war viel mühsamer, weil ich merkte, dass Gerhard ziemlich müde wurde. Es funktionierte trotzdem und so konnte er immer wieder Zeit im Wasser genießen.

Ein Erlebnis warf uns jedoch für einige Tage aus der Bahn. Eines Morgens saßen wir am Tisch und genossen das feine Frühstück. Ich hatte Orangensaft gepresst, frische Marmelade gekocht und als Nachtisch gab es Ananas und Mango - ein Festfrühstück. Es roch köstlich. Nicht nur für uns, wie sich bald herausstellte. Die ganze Affenbande versammelte sich langsam in der Nähe unseres Hauses. Normalerweise amüsierten wir uns über die Affen, die eigentlich scheu waren, und nur dann etwas klauten, wenn niemand zu sehen war.

Der von unseren Köstlichkeiten ausgehende Geruch war aber so verführerisch, dass der „Papa-Affe" sich auf die Terrasse traute und neben dem kleinen Tisch 3 Meter von uns entfernt lauerte. Ich stand auf um ihn zu verjagen. Der freche Affe flüchtete jedoch nicht, sondern sprang blitzschnell in Richtung des großen Tisches, an dem wir frühstückten. Seine Hinterbeine befanden sich plötzlich auf der Rollstuhllehne. Mit einem Vorderbein stützte er sich auf Gerhards Schulter ab, mit dem anderem fasste er mein getoastetes und mit Butter und Marmelade geschmiertes Brot und verschwand.

Mein Aufschrei konnte man wahrscheinlich bis Tansania hören.

In einer Minute stand Ali, ein guter Freund, der in der benachbarten Ferienanlage beschäftigt war, am Tor und fragte, was passiert sei. Als er den Grund meines Aufschreis erfuhr, ging er über das ganze Grundstück und schaute, ob der Affe noch da wäre. Er blieb dann noch eine Weile bei uns und half mir später Gerhard ins Bett zu bringen.

Da Gerhards Bauch seit dem Schlaganfall auf jede emotionale Aufregung mit Rebellion reagierte, blieb der Affen-Brot-Diebstahl nicht ohne Folgen und wir konnten einige Tage nicht in den Pool.

Ali kam täglich bei uns vorbei. Wenn ich Hilfe dabei benötigte Gerhard ins oder aus dem Bett zu bringen, brauchte ich nur über den Zaun „Ali" zu rufen und der Helfer war gleich da. Auch als unsere Wasserpumpe den Geist aufgegeben hatte und wir 5 Tage kein Wasser im Haus hatten, versorgte uns Ali jeden Tag mit einigen Kanistern Wasser.

Auch meine beiden Bakaris unterstützten mich bei Gerhards Pflege. Sie gingen sehr herzlich mit meinem kranken Mann um. Jeder Wunsch wurde ihm von den Augen abgelesen und sie lernten schnell, was bei der Pflege eines gelähmten Mannes wichtig ist, und worauf man besonders achten muss. Ich war ihnen sehr dankbar für ihre Hilfe, weil sie mir meinen Alltag so erleichterten, dass dieser Aufenthalt in Kenia mir fast wie Urlaub vorkam.

So waren auch die letzten drei Wochen schnell vergangen. Ich hätte am liebsten alle meine afrikanischen Pfleger mit nach Deutschland genommen. So eine liebevolle und zeitaufwendige Unterstützung konnten wir uns zu Hause leider nicht leisten. Der Abschied fiel allen schwer.

Aufgrund unserer negativen Erfahrungen während des Hinfluges fragte ich beim Check-in am Flughafen in Mombasa, ob es eine Möglichkeit gäbe, für meinen Mann einen Platz mit mehr Beinfreiheit zu bekommen. Uns wurden gegen einen erheblichen Aufpreis zwei Plätze in der Premium-Klasse oder nur ein Platz in der Komfort-Klasse angeboten. Da mein Mann für alle menschlichen Bedürfnisse Hilfe brauchte und nicht allein mit fremden Menschen sitzen wollte, entschieden wir uns für die erste Variante, die sich auch bei späteren Reisen bewähren sollte.

Beim Einsteigen in den Flieger erwartete uns noch eine Überraschung. Die Passagierbrücke war angeblich kaputt. Wir standen mit dem Rollstuhl vor einer mindestens 40 Stufen hohen Treppe und konnten uns nicht vorstellen, wie wir ins Flugzeug gelangen sollten.

Nach einer langen und heftigen Diskussion unter den Flughafenangestellten wurde mein Mann im Rollstuhl sitzend auf den Schultern von vier Männern in das

Flugzeug getragen. Der Chef begleitete sie mit der Anweisung: „Linkes Bein hoch – stehen bleiben – rechtes Bein hoch – stehen bleiben – und das Ganze vierzigmal schleppten sie meinen Mann die Treppe hoch. Endlich erreichten sie schweißgebadet die oberste Stufe und stellten den Rollstuhl ab.

Wie sich mein Mann bei dieser wackeligen Aktion gefühlt haben musste kann man nur erahnen. Er hatte Todesängste und dachte, dass er nie mehr lebend nach Hause kommen würde.

Das war unsere erste Reise mit dem Rollstuhl nach Afrika. Es folgten noch sechs weitere Reisen und jedes Mal erlebten wir neue Abenteuer. Zum Beispiel wurde bei der Reise im Jahr 2010 der speziell an die Größe meines Mannes angepasste Rollstuhl von der Fluggesellschaft in Frankfurt vergessen. Der nächste Flieger würde in drei Tagen unseren Rollstuhl liefern, hieß es in Mombasa. Gerhard wurde am Flughafen in einen uralten, verrosteten, klapprigen und für seine Körpergröße viel zu engen Rollstuhl gepresst. Die Bremsen funktionierten nicht, die Fußstützen hingen schief und wackelten so, dass das linke gelähmte Bein ständig auf den Boden rutschte. So bestand die Gefahr, dass das Bein unter den Rollstuhl geraten und brechen konnte. Dazu gab es auch kein Sitzkissen, was bedeutete, dass nach einigen Minuten viel zu eingeengten Sitzens Gerhards Hinterteil und Rücken schmerzten.

Drei Tage Qualen, für die sich die Fluggesellschaft nicht mal entschuldigte. Auf meine Beschwerde bekam ich die Antwort, dass sie uns doch einen Ersatzrollstuhl zur Verfügung gestellt hätten.

Diese Geschichte hatte jedoch auch eine positive Seite. Meine kenianischen Helfer kamen auf die Idee selbst einen Ersatzrollstuhl zu konstruieren, der später für Gerhard als Toilettenstuhl dienen könnte. Ein Schreiner baute einen an Gerhards Größe und seine langen Beine angepassten Stuhl aus Holz. An die Stuhlfüße wurden vier Rollen angeschraubt, die eigentlich für den Transport von schweren Sachen vorgesehen waren. Für längere Strecken war der improvisierte Rollstuhl nicht geeignet, dennoch leistete er Jahre lang sehr gute Dienste als WC- und Dusch-Stuhl im Haus und Garten.

Nach diesem Muster wurden später noch zwei solcher Stühle auf Rollen gebaut und an das nahe gelegene Krankenhaus gespendet.

So erlebten wir bei jeder Reise Positives und Negatives. Für mich waren es dennoch sehr kraftraubende Aktionen und jedes Mal, wenn wir aus Kenia nach Hause zurückkamen, bat ich meine Tochter um einen Gefallen. Wenn ich noch einmal auf die Idee kommen sollte, eine erneute Reise mit dem Rollstuhl nach Afrika zu planen, solle sie mich einsperren lassen. Sie lächelte nur, weil sie genau wusste, dass unser familiärer lebensbejahender Optimismus, unsere Liebe zu den kenianischen Kindern und zu Afrika uns immer wieder dorthin ziehen würden.

So habe ich auch stets die Frage, warum ich mir und meinem Mann alle diese Schwierigkeiten und Unannehmlichkeiten zugemutet hätte damit beantwortet, dass die Freude überwog, die wir dort jeden Tag erleben durften, genauso wie die Abenteuerlust.

Der Buschdoktor und der deutsche Patient

Am Abend unserer ersten Ankunft mit dem Rollstuhl in Kenia wollte unser Nachtwächter Kassim mit mir reden. Da ich den Mann schon lange kannte, befürchtete ich, dass er gleich mit allen seinen Problemen kommt, wie es früher immer der Fall war. Nach der stressigen Reise hatte ich keine Kraft mehr mir noch die Sorgen der anderen anzuhören, ich hatte eigene genug.

„Nein, nein, Mama Luba, ich will dich nicht mit meinen Sorgen belästigen, ich will dir nur die Geschichte meines Bruders erzählen. Vor einem Jahr erlitt er einen Schlaganfall und konnte, wie Gerhard, nicht mehr gehen. Wir haben hier einen Buschdoktor, der sich auf solche Krankheiten spezialisiert hat. Dank seiner Medikamente und Therapien konnte sich mein Bruder nach zwei Monaten selbstständig bewegen. Du solltest unbedingt deinen Mann von diesem Doktor behandeln lassen. Ich kann ein Treffen mit ihm organisieren."

Da Gerhard früher kein Anhänger der wie er sagte „Hokuspokus"-Medizin war, glaubte ich nicht, dass er sich einer exotischen und außergewöhnlichen Behandlung unterziehen würde.

Am nächsten Morgen beim Frühstück berichtete ich ihm und unseren deutschen Begleiterinnen Svenja und Meral über das Gespräch mit Kassim. Die jungen Frauen, beide von Beruf Physiotherapeutinnen, waren sofort von der Idee begeistert und ermutigten Gerhard zuzustimmen.

Die Hoffnung auf eine eventuelle Besserung, sogar Heilung spornte meinen Mann an und wir baten den Nachtwächter Kontakt mit dem Buschdoktor aufzunehmen.

„Die Handynummer des Doktors habe ich nicht, aber morgen können wir in sein Haus gehen und mit ihm reden."

Svenja und Meral erklärten sich bereit ins Dorf mitzugehen, um den Doktor kennenzulernen und sich über seine Behandlungsmethoden zu informieren. Keiner von uns fragte, wo der Buschdoktor wohnte.

Am frühen Morgen, als wir alle noch tief schliefen, war Kassim schon wieder da und wollte so schnell wie möglich aufbrechen.

Die jungen Damen schnappten schnell die Kamera und ohne zu frühstücken gingen sie los. In letzter Sekunde gab ich ihnen noch etwas kenianisches Geld mit. Für alle Fälle.

Als sie am späten Nachmittag noch nicht zurück waren, begann ich mir Sorgen zu machen. Einerseits wusste ich, sie sind nicht allein unterwegs, anderseits war das der erste Ausflug in einem für sie noch sehr fremden Land. Anrufen konnte ich sie auch nicht, weil sie kein Handy dabeihatten und Kassims Telefon meldete, die gewählte Nummer sei vorübergehend nicht erreichbar.

Kurz bevor es dunkel wurde, kamen die jungen Frauen zurück: erschöpft, hungrig und von den Eindrücken überwältigt. Über diese erzählte Svenja uns am Abend:

„Das Dorf lag ziemlich weit im Bush im Nirgendwo. Nach einer langen, fast zweistündigen Fahrt mit dem Matatu und danach noch einem ca. 6 km langen Fußmarsch in der prallen Sonne kamen wir im Dorf an. Der Buschdoktor war unterwegs, wir mussten auf ihn warten. Anrufen war nicht möglich, weil wir in einem Funkloch waren. Zu Trinken gab es nur Wasser aus dem Fluss, was wir dankend ablehnten. Wir waren die ersten Weißen, die das Dorf besuchten, wurden von allen Seiten beäugt und konnten niemanden verstehen, weil die Bewohner kein Englisch sprachen.

Dann erschien der Doktor. In der Lehmhütte des Heilers begannen lange Diskussionen. Meral, der Heiler und ich bekamen einen Stuhl, während der Askari (Nachtwächter) und eine Frau aus dem Dorf auf dem Boden zu unserer Rechten saßen. Ich schilderte dem Mann unsere Geschichte, Kassim übersetzte diese auf Suaheli, der Buschdoktor hörte aufmerksam zu, redete dann sehr lange. Kassim übersetzte ins Englische, ich beriet mich mit Meral, sprach wieder mit Kassim, der übersetzte, und so ging die Kette der Informationen hin und her.

Der Heiler wollte Geld im Voraus. 250 Euro. Er mochte nicht bei jedem Besuch die Hand aufhalten, er ist hier schließlich eine angesehene Persönlichkeit. Das war nachvollziehbar. Natürlich geht es um keinen großen Betrag, aber für uns ist es ungewohnt, dass jemand nicht für die Einheiten, sondern für die Heilung an sich bezahlt werden möchte.

Dreimal in der Woche würde er dann kommen. Mit Massagen und homöopathischer Medizin schätzte er die Behandlungsdauer auf einige Wochen oder Monate. Wir versuchten in unserem Mix aus den drei Sprachen verständlich zu machen, dass wir seine Gabe nicht in Frage stellten, wir sind nur nicht im Klaren darüber, wie unsere Medikamente der Schulmedizin auf seine Behandlung reagieren würden.

Ich kann nicht genau sagen, wie viele Stunden wir sprachen, um eine Einigung zu bewirken, aber es war sehr lange."

10 Stunden waren die jungen Frauen unterwegs und über die paar Schillinge, die ich ihnen in letzter Minute zugesteckt hatte, sehr glücklich, weil sie sich auf dem Rückweg eine Flasche Wasser kaufen konnten. Gleich am zweiten Tag des Aufenthaltes hatten sie Kenia live erlebt und den Wert des Wassers schätzen gelernt.

An diesem Abend unterhielten wir uns lange darüber, ob die Sache einen Sinn hätte, und kamen zum Entschluss, den Versuch zu wagen und Gerhard vom Buschdoktor behandeln zu lassen. Mit dem Wunsch auf Besserung und vielleicht auf ein wieder normales Leben wollte auch Gerhard nach jedem Strohhalm greifen.

Um dem Doktor unsere Entscheidung mitzuteilen, musste jemand noch einmal ins Dorf. Am nächsten Tag erklärte sich unser Kindergartenmanager Bakari bereit, diese Aufgabe zu übernehmen.

Die Delegation von Wunderheilern und Hilfspersonal traf zwei Tage später bei uns ein. Auf den ersten Blick konnte man erkennen, wer hier das Sagen hatte. Der Chef war klein und so korpulent, dass er sich selbst schwer bewegen konnte. Sein Blick war streng, wenn nicht sogar grimmig und etwas unfreundlich, wie bei vielen kenianischen Personen, die etwas zu sagen haben. Seine Helfer auf beiden Seiten waren das totale Gegenteil: groß, schmal und mit einem unterwürfigen und treuen Blick.

Da Kassim und Bakari beim Organisieren dabei waren, wollten sie nichts verpassen und kamen auch dazu. Neugierig beäugten die Angekommenen unsere jungen Frauen Svenja und Meral, die gerade aus dem Pool kamen und relativ spärlich bekleidet waren. Manche Männer drehten sich sofort um, die anderen standen wie betäubt da und konnten ihre Blicke nicht von den Frauen abwenden.

Unser Gärtner versorgte mittlerweile alle mit Stühlen. Da wir ihm schon beigebracht hatten, wie wichtig Hygiene ist und wie anfällig Gerhard für Infektionen war, brachte er gleich eine Schüssel und einen Krug mit Wasser und bat die Gäste nach dem langen Weg die Hände zu waschen. Etwas verlegen schauten alle den Doktor an. Es kam zu einer kurzen Diskussion, die wir nicht verstehen konnten. Später erklärte mir Bakari, dass die meisten Kenianer die Hände nur vor dem Essen waschen, deswegen konnten die „Ärzte" nicht verstehen, warum sie jetzt die Hände waschen sollten. Zum Glück taten sie es.

Als ich meinen Mann auf die Terrasse brachte und er die ganze Gesellschaft aus neun Personen erblickte, wurde er ziemlich unsicher.

Der Doktor begann auf Suaheli zu reden und zuerst traute sich keiner zu übersetzen. Dann versuchte Bakari uns zu erklären, was der Doktor wollte.

Aufgefallen war mir die Kürze der Übersetzung. Die Ausführungen des Heilers dauerten einige Minuten, weitergegeben wurden jedoch nur zwei kurze Sätze: „Der Patient muss untersucht werden. Ein Monat Behandlung kostet 250 Euro."

Gerhard wurde aufgefordert, seine Beine, Hände und Arme zu bewegen. Es wurde still und alle verfolgten gespannt das Geschehen. Mit einem besorgten Gesichtsausdruck untersuchte dann der Buschdoktor einige Minuten lang Gerhards Beine und Arme. Als er den linken gelähmten Arm hochzog, schrie mein Mann auf. Der Buschdoktor hob den Arm noch höher und erklärte einem seiner Helfer etwas. Gerhards Gesicht verzog sich vor Schmerzen, was den Doktor auf keine Weise beeindruckte.

Dann ließ er die Hand los und wiederholte dasselbe mit dem gelähmten Bein. Der zweite, noch lautere Aufschrei meines Mannes löste bei mir einen Schutzreflex aus. Ich zeigte dem Behandelnden, er solle aufhören. Alle kenianischen Männer schauten mich verdutzt an. In ihren Augen konnte ich lesen: wie kannst du es als Frau wagen, dem Doktor zu widersprechen.

Langsam begann ich an der ganzen Aktion zu zweifeln.

Der Buschdoktor schien aber sehr zufrieden zu sein, auf seinem Gesicht breitete sich ein Grinsen aus, was sich in der Mimik seiner Assistenten widerspiegelte.

Die Diagnose des Arztes lautete ungefähr so:

„Hätte man mit der intensiven Therapie sofort nach dem Schlaganfall angefangen und nicht erst nach über einem Jahr, wäre der große Mann schon längst auf den Beinen. Man hat viel zu viel Zeit verloren, dennoch würde ich den Patienten zum Gehen bringen, was aber einige Monate dauern könnte."

Dann kam der zweite Teil der Behandlung. Einer der Helfer holte aus einem Sack einige Tüten und fragte, wo man Feuer machen könne, er wolle das Medikament zubereiten.

Wir gingen in die Küche und ich zeigte ihm das ganze Geschirr, Pfannen und Töpfe.

Der Mann wirkte sehr unsicher und erst später begriff ich, dass er nur an die kenianische Küche, d. h. offenes Feuer und grifflose Töpfe gewöhnt war.

Svenja zeigte ihm, wie man einen Gasherd bedient und schrieb mit, wie man das Medikament zubereiten musste. Aus einer Tüte holte er ein schwarzes Pulver, aus der zweiten ein weißes, aus der dritten eine undefinierbare Masse. Nachdem das Medikament fertiggekocht war, roch es in der Küche und im ganzen Haus nach Pferdemist. Man erklärte mir, mein Mann müsse die Medizin zweimal am Tag nehmen, es würde seine Muskeln und Nerven stärken.

In dem Moment dachte ich, ich würde lieber sterben als dieses stinkende Gebräu in den Mund zu nehmen.

Mit einer kleinen Schüssel gingen wir zurück auf die Terrasse. Der Doktor musterte das Gekochte, tauchte einen Finger rein, probierte es und zeigte dem Patienten, er solle es auch tun. Gerhard nahm mutig einen kleinen Löffel des Heilmittels in den Mund, schluckte es, bat um ein Glas Wasser. Seinem Gesichtsausdruck konnte ich nicht entnehmen, wie sich das Medikament im Mund anfühlte.

Es schmeckte wahrscheinlich doch nicht so fürchterlich wie es roch.

„Die Behandlung wäre für heute fertig, in zwei Tagen muss sie fortgesetzt werden. Aber vorher muss das Geld her", sagte zum Schluss der Chef.

Nachdem ich den Doktor bezahlt hatte, unterhielt er sich noch kurz mit unserem Gärtner. Dabei zeigte er immer wieder auf die eine oder auf die andere der beiden jungen Frauen. Später erzählte mir Abdalla, dass der Buschdoktor ihn fragte, wie viel Geld oder wie viele Kühe man für so eine Frau aufbringen müsste, um sie zu heiraten.

Endlich waren alle unsere Kenianer weg und ich atmete tief durch. Alles, was in der letzten Stunde geschah, war für mich zu viel. Ganz davon zu schweigen wie es für Gerhard gewesen sein musste. Er wollte sofort ins Bett und stand an diesem Tag nicht mehr auf.

Am nächsten Tag fragte ich ihn sehr vorsichtig, ob er die Behandlung fortsetzen wolle. Er meinte, er freue sich auf die Bewegungstherapie, aber das eklige Heilmittel würde er nicht noch einmal schlucken.

Zum verabredeten nächsten Termin erschien nur einer der Helfer. Er hieß Joshua, sprach kein Englisch, weshalb wieder ein Dolmetscher gebraucht wurde. Diese Aufgabe übernahm jetzt der Gärtner.

Joshua teilte uns Folgendes mit: „Ich bin ab heute ihr Doktor und für die Bewegungstherapie verantwortlich. Nach jeder Behandlung folgen zwei Tage Pause, in denen sich der Körper regenerieren soll. Bitte sagt mir, wenn die Medikamente ausgehen, ich bringe die nächste Portion mit. Der Doktor wird nach einem Monat wiederkommen, weitere Anweisungen geben und über die nächste Bezahlung sprechen."

Der Gärtner brachte dem Doktor Seife sowie ein Handtuch und zeigte ihm, wo er die Hände waschen könne. Wieder kam eine kurze Diskussion zustande und nach einigen Minuten gingen die Männer doch zum Waschbecken. Später erzählte mir Abdalla, dass Joshua gewohnt ist, erst nach der Behandlung die Hände zu waschen.

Gerhard musste auf eine extra für die Behandlung angefertigte, ziemlich hohe Liege gelegt werden. Svenja zeigte den Männern, wie es am einfachsten wäre, den großen und schweren Mann auf diese hohe Liege zu bringen. Der Arzt schaute mit großer Bewunderung zu und nickte nur.

Dann holte er aus seiner Tüte eine ölige, sehr eigenartig riechende Flüssigkeit und begann das gelähmte Bein, dann den Arm einzureiben, zu massieren und zu bewegen.

Svenja schrieb dazu in ihr Tagebuch: „Ich war beeindruckt, wie der Heiler die Gelenke testete, als hätte er das auf einer Physioschule in Deutschland gelernt. Die Art, wie er greift, ist weitaus fachmännischer als erwartet. Alles was er tut ist von unserem Standpunkt aus sehr gut nachzuvollziehen (Nervendehnungen, abflussfördernde Maßnahmen, detonisierende Techniken).

Vor der Massage tauchte der Guru seine Hände in heißes Wasser, in dem Blätter eines uns nicht bekannten Baumes sind. Dazu kam Öl, das mit Kräutern angereichert war. Das Liquid daraus ergab ein Öl, das eine durchblutungsfördernde Wirkung hatte. An der Stelle begann nun eine sehr schmerzhafte Prozedur für unseren Patienten."

Joshuas Händen sah man an, dass sie schwere Arbeit gewohnt waren. Sein Gesichtsausdruck hatte aber etwas Sadistisches an sich. Die vorderen Zähne waren sehr groß und hatten eine abnormal große Lücke. Das Schlimmste war aber sein Lachen. Je lauter Gerhard vor Schmerzen schrie, desto breiter wurde sein Mund.

Ich verglich das Erlebte in diesen Momenten mit den sanften Methoden der deutschen Therapien. Bei jedem leisen „Aua" des Patienten hörten die Frauen mit der Behandlung auf. Der kenianische Heiler dagegen drückte die schmerzende Stelle noch fester und hörte erst dann auf, wenn der Behandelte fast bewusstlos wurde.

Svenja hielt auch diese Eindrücke fest: „Am Tag darauf war das Bein komplett abgeschwollen und wir erzielten in den Wochen der Zusammenarbeit mit unseren Buschdoktoren enorme Fortschritte. Was uns natürlich stolz machte war, dass der Guru auch von uns lernte, wie man physiologische Bewegungsübergänge mit ein paar speziellen Handgriffen erleichtern kann. Er hat mit großen staunenden Augen begutachtet, wie eine Frau einen großen schweren Mann allein auf den Bauch dreht und wieder zum Stehen bringt, während es für die drei umstehenden Männer wie eine unlösbare Aufgabe erschien. Natürlich ging es uns runter wie Öl, als der Nachtwächter uns erzählte, dass unser Heiler uns für ‚good doctors' hält."

Trotz dieser Schmerzen wollte Gerhard mit der Therapie nicht aufhören, er ertrug sie mit einer mutigen Haltung. Manchmal waren die Schmerzen so stark, dass besonders in den ersten Tagen die Nachbarn wegen seines Aufschreis zu uns eilten und fragten, ob etwas passiert wäre. Mit der Zeit wussten schon alle, der Buschdoktor ist bei Maiers.

Mein Problem war eher anderer Art. Der ganze Körper meines Mannes wurde jedes Mal mit diesem stinkenden Öl eingesalbt, was sehr tief in alle Poren einwirkte. Die Bettlaken, die Kleider und alles, was damit in Berührung kam, konnte man mit keiner Seife und keinem Waschmittel geruchsfrei und sauber waschen. Die ersten Tage schruppte ich meinen Mann mit allen vorhandenen Duschgels und Shampoos, aber der Geruch ging nicht ganz weg. Nach einigen Wochen gewöhnten wir uns auch daran und hofften, dass wir diese „Aromen" nicht nach Deutschland bringen.

Nach einigen Besuchen wurde unser Therapeut etwas gesprächiger. Wir erfuhren einiges über ihn und über seinen Chef. Joshua war Analphabet, er hatte nie eine Schule besucht, weil zu seiner Zeit die Schule kostenpflichtig war. Der Buschdoktor konnte auch nicht lesen und schreiben, nur mit dem Geldzählen kamen beide gut zurecht.

Ich fragte, warum die Behandlung so teuer sei und ob die Weißen mehr zahlen müssten als die Kenianer. Er bejahte meine Vermutung und erklärte Folgendes:

„Die zwei Frauen und 12 Kinder des Doktors müssen ernährt werden. (Er wollte sich noch eine junge, weiße, dritte Frau zulegen!) Ich selbst habe 10 Kinder und nur eine Frau, eine zweite kann ich mir noch nicht leisten. Solche europäischen Kunden haben wir leider nicht sehr oft. Die kenianischen Patienten zahlen ca. 25 Euro im Monat und diejenigen, die eine Behandlung nicht bezahlen können, bringen Eier, Kartoffel o. Ä. Manche Patienten werden von den Familienangehörigen auf selbst gebastelten Liegen bis zu 10 km zu uns getragen. Bei den Europäern machen wir eine Ausnahme und kommen zu ihnen ins Haus. So einen Rollstuhl sehe ich zum zweiten Mal in meinem Leben. Aber vielleicht ist er das Problem. Die Kenianer sind gezwungen so schnell wie möglich auf die Beine zu kommen, weil sie keine Alternative haben."

Als ich zu Weihnachten allen meinen Helfern Lebensmittelpakete schenkte, glaubte Joshua nicht, dass das alles für ihn sein sollte: „So großzügig hat sich noch niemand bei mir bedankt", flüsterte der Mann beim Hineinschauen in die Tüte. Dort waren 2 kg Zucker, 2 kg Weißmehl, 2 kg Maismehl, 1 Liter Milch, zwei T-Shirts seiner Größe und einige Süßigkeiten und Stifte für die Kinder.

Nach dieser Geste wurde der sonst grimmige Mann um einiges freundlicher. Ohne Diskussionen wusch er fortan vor und nach der Behandlung seine Hände und ich hatte den Eindruck, er komme gerne zu uns.

Der deutsche Patient überraschte uns alle nach zwei Wochen. Nachdem die Therapiestunde vorbei war, halfen wir Gerhard sich zunächst an den Rand der Liege und setzten ihn dann in den Rollstuhl. Als ich, wie gewohnt, den Gehstock holte und meinen Mann halten wollte, stand er plötzlich allein auf und machte den ersten Schritt zum Rollstuhl. Nach unserem Jubel wurde er etwas unsicher und es bestand die Gefahr, dass er das Gleichgewicht verlieren und stürzen würde. Sofort war Joshua auf einer, ich auf der anderen Seite, und wir halfen Gerhard bei den nächsten Schritten zum Rollstuhl.

Diese kleine Bewegung erfüllte mich mit so einem Glücksgefühl, dass ich den Tränen nahe war. Gerhard dagegen strahlte wie ein Kind.

Den Buschdoktor hätte ich am liebsten umarmt, was aber bei einem muslimischen Mann falsch verstanden werden konnte. Ich drückte zum Abschied seine Hand und hatte keine Zweifel mehr am Sinn der ganzen Behandlung.

Die sechs Wochen unseres Aufenthaltes gingen zu Ende. An die Therapie im zwei-Tages-Takt gewöhnten wir uns alle und natürlich hofften wir auf noch eine positive Überraschung. Diese kam leider nicht. Dennoch merkten wir, dass die Schmerzen während der Behandlung und danach nachließen und das gelähmte Bein etwas flexibler geworden war.

Leider erlaubt die Pflegekasse nur einen sechswöchigen Aufenthalt eines Behinderten im Ausland, andernfalls würde die Pflegestufe aberkannt werden. Das hieße für uns: der Rollstuhl, das Krankenbett, der Gehstock und alle anderen Hilfsmittel wären weg und wir hätten sie neu in Deutschland beantragen müssen. Wie viel Bürokratie, Kraft und Ärger dahinterstecken würden, kann man sich gut vorstellen.

Als ich Joshua mitteilte, dass wir in einigen Tagen abreisen werden, reagierte er verwundert: „Es ist nicht gut, die Behandlung jetzt abzubrechen. Sie sollte mindestens drei Monate dauern, dann kommen die richtigen Fortschritte. Warum bleibt ihr nicht länger?"

Ich wusste, dass Joshua unsere Gründe nicht verstehen würde und ich versicherte ihm im nächsten Jahr wiederzukommen.

„Das nächste Mal solltet ihr so lange bleiben, bis dein Mann allein gehen kann", sagte Joshua in einem Befehlston zum Abschied.

Leider hat Gerhard in den nachfolgenden Jahren nicht mehr gelernt, wieder selbstständig zu gehen.

Jetzt haben wir das Jahr 2020. Mein Gerhard ist am 26. Februar 2016 gestorben, 8 Jahre und 6 Monate war er ein schwerster Pflegefall. Wir waren siebenmal mit dem Rollstuhl in Afrika. Ich bereue keine einzige Reise mit ihm und würde es wieder machen.

In lieber Erinnerung an meinen wunderbaren Mann

Mama Lubas Feiertage in Kenia

Dezember 2011 – Januar 2012

Weihnachten, Silvester, Neujahr, Geburtstag – meine Begeisterung für diese Feiertage hält sich seit einigen Jahren in Grenzen. Vielleicht, weil es mir an diesen Tagen bewusster wird, dass schon wieder ein Jahr vorbei ist, und ich doch viel mehr erleben und erreichen hätte können.

Aber die allgemeine Euphorie und die alte Gewohnheit am 31. Dezember um 24 Uhr ein Gläschen Sekt oder Wein zu trinken, lässt sich keiner entgehen, auch ich nicht.

Da ich schon aus Erfahrung wusste, dass man kurz vor den Feiertagen in überfüllten Supermärkten lieber nicht einkaufen sollte, tat ich das auch nicht. Für das Festessen wollte ich einen Fisch braten. Mein treuer Fischer Ali-Baba brachte mir seit sieben Jahren verschiedene leckere Fische ins Haus und filetierte sie gleich. Immer frisch, direkt aus dem Ozean. So musste ich das Filet nur in die Pfanne legen und nach 10 Minuten war das Essen fertig.

Als es am 31. Dezember 2011 dunkel wurde und Ali-Baba nicht kam und sein Telefon schwieg, machte ich mir kurz Gedanken, wie und was ich improvisieren könnte.

Etwas besorgt erinnerte ich mich an die Geschichte mit Ali-Baba vor vier Jahren.

Eigentlich hieß er Ali und wir sprachen ihn eines Tages am Strand an, als er vom Fischen zurückkam. Anfangs zurückhaltend und eher schweigsam, verkaufte er uns immer wieder Fisch zu Preisen, die auch die Einheimischen zahlten. Seit einem bestimmten Ereignis entwickelte sich eine nette Freundschaft und zwar nachdem wir ihm ein Deutsch-Englisch Wörterbuch geschenkt hatten. An diesem Tag wollte er kein Geld für den Fisch annehmen. Wir wussten inzwischen, dass er zwei eigene Kinder, und noch eine große Familie mit Eltern und jüngeren Geschwistern zu versorgen hatte. Es dauerte eine Weile, bis ich ihn überzeugt hatte.

Nach einigen Tagen brachte er uns als Dankeschön für das Buch eine Tüte voll mit Mangos aus seinem Garten.

Bei jedem unserer anschließenden Treffen lernte er ein paar Wörter Deutsch und ich ein paar Wörter Englisch. Später schickte er seinen vierjährigen Sohn in unseren Kindergarten.

Damals, kurz vor Weihnachten 2006, versprach uns Ali Fische zu bringen und kam wie immer pünktlich zu uns. Ich merkte sofort, dass etwas nicht stimmte. „Mama Luba, entschuldige, dass die Fische heute etwas teurer sind. Ich selbst war nicht fischen, aber weil ich es dir versprochen hatte, habe ich für dich Fisch bei anderem Fischer gekauft. Ich muss aber sofort nach Hause."

„Hast du Probleme zu Hause oder mit deinem Boot?", fragte ich ihn. Er schwieg und auf einmal sah ich Tränen in seinen Augen. Nachdem ich ihn nochmals fragte, was passiert sei, antwortete er: „Mein Sohn liegt im Sterben. Seit einigen Tagen hat er Durchfall, Erbrechen mit Blut und hohes Fieber. Der Medizinmann kann dem Kind mit den Naturkräutern nicht helfen und ein Krankenhaus kann ich mir, wie fast jeder in unserem Dorf, nicht leisten."

Ohne lange zu überlegen beschlossen wir dem Kind zu helfen und sagten Ali, dass wir die Krankenhausrechnung übernehmen würden. Plötzlich rannte er los.

An Silvester kam er freudestrahlend zu uns und sagte, sein Sohn werde leben. Im Krankenhaus bekam er gleich eine Bluttransfusion. Die Ärzte meinten, einen Tag später wäre das Kind gestorben. Die ganze Behandlung kostete ca. 35 Euro

Zurück in die Gegenwart.

Hoffentlich ist diesmal nichts Schlimmes bei Ali geschehen, dachte ich und versuchte an unseren heutigen Abend zu denken. Viel hatte ich nicht da: Brot, Bananen, Ananas, Mangos, frischgemachte Papaya-Mango-Maracuja-Marmelade, etwas Mehl, Eier und Milch. Aus diesen Zutaten könnte ich gebackene Bananen und Ananas machen und einige Pfannkuchen dazu. Nicht gerade ein Festessen, aber immerhin etwas Exotisches. Passt zu Kenia. Zum Trinken hatte ich eine Flasche chilenischen Rotwein im Kühlschrank. Ja, den Rotwein im Kühlschrank. Bei kenianischen Temperaturen wird Wein nach ein paar Minuten einfach zu warm.

Als der Wind die appetitanregenden Aromen von gebratenem Fleisch und Fisch aus den Nachbarsküchen in meine Nase trieb, dachte ich, es wäre vielleicht doch die Mühe und Zeit wert gewesen, etwas eingekauft zu haben. Zu spät.

Nicht sehr glücklich backte ich meine Bananen und Ananas und versuchte positiv zu denken.

Gegen 9 Uhr abends überkam mich die Müdigkeit und ich legte mich hin. Bei diesem Lärm aus den Hotels und Ferienanlagen (sonst ist die Gegend hier sehr ruhig, nur diese eine Woche im Jahr nicht) würde ich doch nicht einschlafen, sondern mich nur etwas ausruhen können.

Mein Mann schlief friedlich neben mir und das steckte mich an.

Als ich die Augen wieder aufmachte und auf die Uhr schaute, war es 23:35 Uhr. Aufgeregt sprang ich aus dem Bett und wusste im ersten Moment nicht, womit ich anfangen sollte. Gerhard wurde auch wach und wollte, dass ich ihn sofort aus dem Bett hole.

Kurz die Zeit kalkuliert, hoffte ich, dass wir es in 25 Minuten schaffen würden.

Zuerst zog ich mich an, dann meinen Mann. Schnell sprühte ich uns beide mit Antimoskitomittel ein, fuhr den Rollstuhl auf die Terrasse, holte und schaltete meinen Laptop ein, lief in die Küche, holte Teller, Gläser, das Essen, die Flasche Wein aus dem Kühlschrank und den Korkenzieher. Noch 10 Minuten.

Jetzt musste nur noch die Flasche aufgemacht werden. Sie war feucht, der Korken saß sehr fest in der Flasche und wollte nicht raus. Mit unseren drei Händen schafften wir es nicht, die Flasche zu öffnen. Noch zwei Minuten.

Zum Glück stand im Kühlschrank noch eine Flasche Martini, welche meine Tochter und mein Schwiegersohn bei ihrem letzten Besuch mitgebracht hatten, in der noch etwa 100 ml waren. Ich schenkte uns ein und um 24 Uhr sagten wir: „Zum Wohl, auf ein gutes neues Jahr."

Etwas Stimmung zum Fest brachte uns meine Schwester Vera per Skype, die solidarisch mit uns anstieß. Bald war die Verbindung aber wieder weg und uns blieb nichts anderes übrig als zuzuhören, wie die Touristen und die Einheimischen feierten.

In diesem Jahr war es in Kenia wegen der Brandgefahr in den Wohngebieten verboten Raketen in die Luft zu schießen. Daher machte ich mir keine Sorgen.

Plötzlich hörte ich es in der Nachbarschaft knallen. Ein paar Verrückte wollten ihren Spaß haben. Ich nehme an, sie waren ziemlich angetrunken, weil kein normaler Mensch im nüchternen Zustand bei diesem windigen Wetter Raketen zünden würde, welche auf den leicht brennbaren Strohdächern landen könnten.

Instinktiv lief ich ins Haus, packte alle Papiere und wichtigen Sachen in eine Tasche, brachte sie auf die Terrasse und beobachtete das Geschehen genauer.

Nach einer Stunde waren die Knallkörper aus (Gott sei Dank!) und die Nachbarn fingen an zu singen. Mensch, war das ein Konzert aus Gejammer und Gejaule. Schade, dass ich diese Kakophonie nicht aufnehmen konnte. Am nächsten Tag hätten sie wahrscheinlich nicht geglaubt, dass sie das waren.

Immer wieder versuchte ich mit meiner Familie per Skype Kontakt aufzunehmen, ohne Erfolg. Safaricom war überlastet.

Diese Nacht verlief unruhig, die Animationsprogramme der Hotels liefen bis zum frühen Morgen. Meine Gedanken über die Hoffnungen und Träume für dieses Jahr waren ziemlich trostlos. Die Stimmung des angefangenen Jahres hätte besser sein können. Kein guter Anfang.

Die Sonne ging auf. Die Gegend schlief, mein Mann auch und die herrliche Ruhe gab mir etwas Optimismus.

Wie jeden Morgen ging ich in die Küche und wollte mir zuerst einen Kaffee machen.

Während ich die Kaffeekanne mit Wasser füllte, sprang plötzlich von außen ein junger Affe auf das Fensterbrett und erschrak mich so, dass mir die Kanne aus der Hand zu Boden fiel und natürlich zerbrach. Der Affe war auch erschrocken und verschwand sofort. Ich begann die Scherben aufzuräumen und wie es oft bei solchen Arbeiten ist, schnitt ich mir in die Hand. Zum Glück nicht zu tief, es reichten ein Desinfektionsmittel und ein Pflaster.

Da ich ein Kaffeefan bin, war ich sehr glücklich, noch einen Nescafé zu finden. Ich wollte den Wasserkocher einschalten, aber in diesem Moment fiel der Strom aus. Durch die Festbeleuchtung der nahen Hotels waren die alten kenianischen Stromnetze überlastet. Zwischenzeitlich hatten wir uns an die Stromausfälle gewöhnt. Zum Glück geschah das in der letzten Zeit nicht sehr oft und nur für kurze Zeit.

Ich kochte das Wasser in einem kleinen Topf auf dem Gasherd.

Der Kaffee schmeckte gar nicht so schlecht und ich genoss ihn mit Blick auf den blauen Himmel und die schönen Palmen.

Da das Abendessen nicht sehr üppig gewesen war, knurrte mein Magen und verlangte nach einem Frühstück. Meinen Mann wollte ich noch nicht wecken. Nach so einer turbulenten Nacht sollte zumindest einer von uns ausgeschlafen sein. Ich schälte mir die größte Mango und setzte mich auf die Schaukel. Kaum genoss ich ein Stück, rief mich Gerhard, er müsse sofort auf die Toilette. Ich stellte den Teller auf den Tisch, lief ins Schlafzimmer, holte ihn aus dem Bett und half ihm zur Toilette. Als ich auf die Terrasse zurückkam, fand ich meine Mango nicht mehr. Der Teller war leer.

Dafür sah ich im Garten den „Papa-Affen", dem Gerhard vor einigen Jahren den Namen Karl-Heinz gegeben hatte (ohne an eine bestimmte Person zu denken). Er saß höchstzufrieden am Rand des Pools, schleckte seine Pfoten ab und trank das Wasser aus dem Pool.

Als mich mein Mann schimpfen hörte, ahnte er schon, dass wahrscheinlich die Affen im Haus waren und amüsierte sich sehr, nachdem ich ihm erzählt hatte, dass Karl-Heinz mein Frühstück gestohlen hätte.

Der Morgen verlief ohne weitere Zwischenfälle. Nur die Affenbande, die meine leckere Marmelade roch und ihren Boss um sein Glück beneidete, beobachtete uns von den Bäumen in der Hoffnung, dass mir noch ein Fehler passierte.

Heute nicht mehr!

Um 13 Uhr begann wieder das Leben in der Umgebung. Meine kenianischen Freunde und Nachbarn wollten uns ein „Happy New Year" wünschen und alle 20 Minuten klopfte jemand am Tor.

Gerhard wurde müde von diesen Besuchen und ich brachte ihn ins Bett. Da uns nun schon fast alle Bekannten ein gutes neues Jahr gewünscht hatten, zog ich mich um und stieg in das warme Wasser des Pools. Herrlich! Mein bester Stress Ableiter, Psychotherapeut und Muskel-Knochen-Heiler!

Nachdem ich nicht mal fünf Minuten der Entspannung genossen hatte, klopfte es wieder am Tor. Ich hätte am liebsten geschrien: Ich bin nicht da!

Nach einigen Minuten öffnete sich das Tor, was sich eigentlich nur der Gärtner oder unser Kindergartenmanager Bakari erlaubten.

Da stand Bakari. Glücklich und strahlend sah er mich im Pool und rief „Happy New Year, Luba. Ich will noch Gerhard gratulieren. Ich warte auf der Terrasse." Mir blieb nichts anderes übrig, als meine „Therapiestunde" frühzeitig zu beenden, und den Pool zu verlassen. Ich zog mich schnell um und bat den Gast herein. Total verschlafen wusste Gerhard zuerst nicht, was ich von ihm wollte und forderte mich auf ihn in Ruhe zu lassen.

Da Bakari mich die ganze Zeit in Kenia bei Gerhards Pflege unterstützte und die Stimmungsschwankungen unseres Patienten kannte, zeigte er Verständnis und entschuldigte sich für die Störung. Ich dachte, das wär's für heute.

Während ich ihn zum Tor begleitete, fragte er mich, ob wir noch etwas besprechen könnten. Das Schuljahr beginne übermorgen, da gebe es einiges zu klären. Wahrscheinlich war meinem Gesichtsausdruck anzusehen, wie ich mich über so ein spontanes Meeting am 01. Januar freute. Schließlich meinte er, dass er morgen wiederkommen werde.

So, jetzt gehe ich in den Untergrund. Nachdem ich alle Türe abgeschlossen und das Telefon ausgeschaltet hatte, legte ich mich ins Bett und schlief ein.

Nach ca. einer Stunde wachte ich schweißgebadet auf. Es war totale Windstille und die Innentemperatur war auf 32 Grad gestiegen. Ich schaltete die Wasserpumpe ein und ging unter die Dusche.

Jetzt ahnt sicher schon jeder, was passierte. Genau das. Nachdem ich mich mit Shampoo und Duschgel eingeseift hatte, fiel der Strom aus. Kein Strom – kein Wasser. Im Bad hatte ich immer einen Eimer Wasser stehen, den ich heute vergessen hatte zu füllen.

Meine laute „Begeisterung" weckte Gerhard. Er fragte, ob die Affen im Haus wären. Als er mich sah, wie ich mich Schaumspuren hinterlassend in das Gästebad (dort ist immer noch ein Zusatzeimer mit Wasser) begab, lachte er mit dem Kommentar: „Du siehst wie ein Äffchen aus".

Mir war nicht nach Lachen zumute. Mit den paar Litern Wasser wusch ich mich ab, ging zum Kühlschrank, holte die Weinflasche und hoffte, dass ich es jetzt schaffte, sie mit meinem ganzen Frust zu öffnen. Nicht geschafft. Vielleicht besser so, sonst hätte ich sie allein ausgetrunken.

Es wurde Abend und Gerhard meldete sich sehr vorsichtig und leise, er hätte Hunger. Ich auch!

Mit dem leeren Kühlschrank und ohne Ali-Baba wäre das einzig Vernünftige an so einem Tag wie heute gewesen, im nahen Restaurant eine Pizza zu bestellen. Ohne das Risiko einzugehen, dass in der Küche etwas (oder jemand, wer wohl?) explodierte. Ein gutes neues Jahr, Luba!

Fressen Kühe Marmelade?

Beim Einkaufen der Lebensmittel für unseren Kindergarten ärgerte ich mich jedes Mal über die Milchpreise, aber auch über die viel zu hohen Preise für die anderen Grundnahrungsmittel. Den Milchpreis fand ich schon immer für die Lebensverhältnisse in Kenia extrem hoch: für 1 Liter werden ca. 1,50 Euro verlangt, und das in einem Land, in dem das Durchschnittseinkommen ca. 108 Euro pro Monat beträgt, mit dem meistens eine Großfamilie auskommen muss. (Quelle: https://www.laenderdaten.info/durchschnittseinkommen.php, Angaben des Jahres 2017,).

Stellen Sie sich vor, Sie müssten in Deutschland bei einem Nettoeinkommen von 1.500 Euro für einen Liter Milch ca. 21 Euro bezahlen.

Wenn es in unserem Kindergarten immer wieder Milch gibt, fragen manche drei- bis sechsjährigen Kinder, warum das Wasser zum Trinken so weiß ist und so anders schmeckt. Diese Kinder hatten noch nie im Leben Milch getrunken. Brot und Milch gab es im Kindergarten nur dann, wenn eines unserer Mitglieder (meistens war ich das) vor Ort war. Das hatte seine Gründe. Während Reis und Bohnen für das Mittagessen im Dorfladen gekauft und mit dem Schubkarren in den Kindergarten gebracht werden konnten, kam zum hohen Preis für Milch und Brot noch der Transport dieser Lebensmittel vom Supermarkt zum Kindergarten mit einem Taxi, was auch ein kleines Vermögen kostete. Solche Ausgaben konnte sich unser Miniverein auf Dauer nicht leisten.

Eines Nachts im Bett liegend grübelte ich nach über die Möglichkeiten der Selbst-versorgung in unserem Kindergarten. Das Problem war, dass viele Kinder bei uns Waisen oder Halbwaisen waren, und sich selbst nicht versorgen konnten, egal wie man dieses Problem anging. Im Dorf konnte man auch keine Milch kaufen: es gab keine Milchkühe.

Genau das wäre die Lösung!
„Wir brauchen eine Milchkuh!", kam mir ein Geistesblitz.

Da ich nicht mehr an Schlaf denken konnte, dazu keine Ahnung von Milchproduktion hatte, machte ich mich an den Computer und begann zu recherchieren. Gut, dass es Google gibt. Für einen in der Großstadt aufgewachsenen

Menschen wie mich, der nie etwas mit Landwirtschaft zu tun und Kühe nur von Weitem auf den Weiden gesehen hatte, wollte ich zuerst wissen, wie viel Liter Milch eine Kuh pro Tag gibt.

„Die durchschnittliche Milchkuh gibt heute pro Tag im Durchschnitt 50 Liter Milch", las ich im ersten Artikel. So viel! 50 Liter! Es klang für mich fast unglaubwürdig.

Ich weiß nicht warum, aber ich dachte in diesem Moment an die vielen Frauen, die ich öfters in Kenia sah und die einen meistens schweren 20 Liter Behälter mit Wasser auf dem Kopf trugen. Diese Behälter kamen mir so riesig und schwer vor. Ich konnte mir bildlich gar nicht vorstellen, wie eine Kuh mehr als die doppelte Menge Milch am Tag geben sollte und wie viel Liter Wasser sie täglich trinken müsste.

Weiter ging es: „Durch Zucht- und Futteroptimierung ist die Milchleistung der Kühe in den letzten Jahren stark angestiegen. Im Altertum soll eine Kuh nicht einmal 10% der Milchleistung von heutigen Kühen gegeben haben." Das hieß für mich, seinerzeit gab eine Kuh nur 5 Liter Milch pro Tag.

Ich fragte mich, in welchem Zeitalter sich die Milchproduktion in Kenia befand: in der Gegenwart oder noch im Altertum oder irgendwo dazwischen? Ich tippte meine Frage noch einmal in Google ein und fügte „in Afrika" hinzu: Wie viel Liter Milch gibt eine Kuh pro Tag in Afrika?

Keine genaueren Informationen. Bei der Erklärung des Wortes „Milchkuh" war Wikipedia sehr bescheiden und Hausrinder, Kuhrassen und Milchleistungen von Ziegen und Kamelen interessierten mich nicht.

Was eine Milchkuh in Kenia kostete, davon hatte ich auch keine Ahnung. Wie komme ich an solche Informationen, die der kenianischen „Milchrealität" entsprechen?

In dem Moment schien mir die beste Lösung, eine Antwort auf diese Frage zu bekommen, unseren Kindergartenmanager Bakari in Kenia anzurufen oder ihn per SMS zu fragen (WhatsApp gab es damals noch nicht). Ich musste dafür bis zum Morgen warten, weil ich wusste, dass der Mann sein erst vor Kurzem erworbenes Handy wie seinen größten Schatz immer am Bett aufbewahrte und seine Frau und drei Kinder im selben Raum schliefen. Ich wollte nicht die ganze Familie wecken.

Morgens. 6 Uhr in Deutschland, 8 Uhr in Kenia. SMS.

Ich: „Jambo, Bakari. Wie geht es dir und deiner Familie? Ich habe eine Frage. Was kostet eine Kuh in Kenia?"

Bakari: „Jambo, Mama, hier ist alles okay, ist bei dir alles okay? Was meinst du mit dem Wort Kuh?"

Ich nahm das Wörterbuch, kontrollierte, ob ich das Wort Kuh auf Englisch richtig geschrieben hatte, schaute noch in meinem Suaheli-Wörterbuch nach und schrieb: „Cow (Englisch: Kuh), ng'ombe (Suaheli: Kuh), what is the price for a cow in Kenya (Englisch: Was kostet eine Kuh in Kenia)?"

Sendepause.

Bakari: „Welche Kuh? Eine Fleischkuh?"

Ich: „Nein, eine Milchkuh."

Sendepause.

Bakari: „Ich weiß es nicht, hier in der Gegend gibt es keine Milchkühe."

Ich: „Ist es möglich zu erfahren, was eine Milchkuh in Kenia kostet?"

Bakari: „Ja, ich brauche aber Zeit. Wie dringend ist es?"

Ich: „Nicht dringend. Melde dich, wenn du es weißt."

Kurze Sendepause.

Bakari: „Okay, Mama, geht es dir wirklich gut?"

Ich: „Ja, danke, es geht mir gut. Bis bald."

So vergingen einige Tage. Untätig war ich in dieser Zeit nicht und dachte intensiv nach, wie wir mit der Kuh, eventuell mit zwei Kühen vorgehen. Wir sollten eine Familie suchen, die sich um die Kuh kümmern würde. An fünf Tagen sollte die Milch an den Kindergarten geliefert werden, an den Wochenenden und in den Ferien konnte die Familie die Milch verkaufen und damit ihr Budget aufbessern. Sozusagen eine Belohnung für die Arbeit bekommen. So hätte eine ganze Familie eine Aufgabe, würde eine gute Sache tun, dabei noch Geld verdienen und unsere Kinder hätten jeden Tag entweder eine Milchspeise zu essen oder ein Glas Milch zu trinken. Wir sollten am besten gleich zwei Kühe kaufen. Für alle Fälle. Wenn eine der Kühe trächtig werden würde, hätten wir dann noch die andere. Wenn wir ein Kälbchen bekämen, überlegen wir uns, ob wir es verkaufen, oder selbst behalten würden.

Es ist gar keine schlechte Idee mit den Kühen, dachte ich mir.

Nach einigen Tagen meldete sich Bakari: „Eine Milchkuh kostet in Kenia ca. 400 Euro. Liebe Grüße."

An dem Tag, an dem die Nachricht von Bakari kam, besuchte mich eine Freundin, die bei einer großen Firma arbeitet. Ich erzählte ihr von meiner „Milchkuh-Idee" und sie berichtete mir ihrerseits von einer bald startenden Weihnachts-Spendenaktion für gemeinnützige Zwecke in ihrer Abteilung. Sie würde versuchen, ihre Kollegen von meiner Idee zu überzeugen und das Geld für zwei Kühe sammeln. Die Namen für die Kühe hatten wir auch schon ausgedacht: wir würden eine Kuh „Hugo", die andere „Boss" nennen.

Gesagt, getan. Die Spendenaktion war erfolgreich und in einem Monat hatten wir eine Spende von 800 Euro, die ich dann bei meiner nächsten Reise nach Kenia mitnahm.

Eine der ersten Fragen vor Ort, die mir unser Kindergartenmanager stellte, war, warum ich ihn vor einigen Wochen nach den Kühen gefragt hätte. Ich unterbreitete ihm meine Idee und versuchte mein kenianisches Team mit meiner Begeisterung von der Anschaffung zweier Milchkühe für den Kindergarten anzustecken. Das nötige Geld wäre da. Meine Argumente, dass die Kinder jeden Tag Milch trinken und die „Kuh-Pflegefamilie" Geld verdienen könnte, fanden alle sehr gut. Dennoch kam nicht die Reaktion, die ich erwartet hatte. In den Gesichtern unserer Mitarbeiter sah ich Unverständnis vermischt mit Schmunzeln.

„Kennst Du so eine Familie?", fragte mich dann Bakari.

Die Frage irritierte mich: „Ich nicht, aber ihr lebt doch hier und kennt ganz sicher jemanden, der die Kühe aufnehmen könnte."

„Mama, es gibt weder in unserem Dorf noch in den Nachbarsdörfern Milchkühe. Dementsprechend gibt es keine Menschen, die sich mit Milchkühen auskennen. Keiner wird eine so große Verantwortung übernehmen können und wollen. Hier in der Gegend gibt es zwar Viehwirte, diese aber haben nur Fleischrinder. Dazu kommt noch, dass man zuerst einen Stall bauen müsste. Die Kuh kann sich doch nicht Tag und Nacht unter freiem Himmel aufhalten. Die Tiere brauchen auch viel Wasser, das heißt, ein Brunnen muss auch vorhanden sein, und wie du weißt, gibt es in unserer Gegend keinen. Futter muss man auch besorgen können. Wenn ein Tier krank wird, was passiert dann? Die Idee ist sehr gut, nur wir wissen nicht, wie sie umgesetzt werden soll", klärte mich Bakari auf. „Wir brauchen einen Menschen, der uns beibringt, wie man die Kühe melkt, sie pflegt und uns alles zeigt, was mit Kühen zu tun ist. Dazu kommt das Problem, die Kuh vom Kauf Ort in unser Dorf zu bringen. Ich weiß, dass man eine Milchkuh in einem Gebiet nördlich von Mombasa kaufen könnte. Das ist ca. 50 bis 60 km entfernt von hier. So eine lange Strecke kann man nicht zu Fuß bewältigen. Von Viehtransporten mit dem Auto hat noch keiner von uns gehört. Ich persönlich hätte für meine Familie und für den Kindergarten sehr gerne eine Kuh, aber jetzt geht es nicht, vielleicht irgendwann mal", sagte zum Schluss Bakari.

So wurde ich von Wolke 7 auf die Erde geholt. So einfach, wie ich mir die „Milchproduktion" vorgestellt hatte, war es leider nicht. Gute Ideen sind nun mal nicht immer umsetzbar.

Nachdenklich saßen wir da und jeder dachte an irgendetwas. Die Stille unterbrach der Gärtner, der bei diesem Gespräch anwesend war: „Ja, Mama, es ist nicht so einfach wie ‚Mamulada' zu machen." Schmunzelnd erinnerten wir uns an die Marmeladengeschichte.

Die gekochten Früchte

Als ich vor vielen Jahren im einzigen Minisupermarkt unserer Gegend nach Marmelade suchte, fand ich im Regal zwei 350 ml große Gläser Orangenmarmelade „Made in England" für den Preis von jeweils 6 Euro. Ich fragte den Verkäufer, ob es noch andere Marmelade im Laden gebe. Seine Antwort irritierte mich. Es gäbe keine andere Marmelade, weil keiner welche kaufen würde.

In einem Land, in dem die besten Früchte der Welt wachsen und gedeihen, gab es keine Marmelade zu kaufen!

Ich fragte unseren Gärtner, ob er wüsste, warum man hier keine einheimische Marmelade kaufen könnte. „Was ist ‚Mamulada', Mama?", fragte er mich. Ich holte aus dem Kühlschrank ein Glas aus Deutschland mitgebrachter Erdbeermarmelade und gab dem Mann einen Löffel zum Probieren. Anscheinend schmeckte sie ihm. Ich erklärte ihm, dass wären gekochte Erdbeeren. Da kam gleich die Frage, was „Erdbeeren" bedeutete. Nicht nur das Wort war ihm unbekannt, sondern es waren auch die Früchte, die in Kenia nicht wachsen.

Dass es in Deutschland Früchte gibt, die man kochen kann, verwunderte den Mann sehr. Wie kann man Früchte kochen? Als ich ihm erklärte, dass man aus fast allen Früchten Marmelade kochen könnte, lachte er mich aus: in Europa vielleicht schon, aber er hätte noch nie gehört, dass die Einheimischen Mango, Papaya oder Ananas kochten.

Am nächsten Tag bat ich ihn, mir in der Küche zu helfen. Er schälte zwei Mangos und eine Papaya. Als er sah, dass ich die Früchte sehr klein schnitt, in einen Topf legte, dazu noch zwei Passionsfrüchte gab und das alles zusammen kochte, schaute er mir sehr misstrauisch zu. Gerochen hat es jedoch so verführerisch, dass die ganze Affenbande sich in die Nähe der Küche begab.

Nachdem die Marmelade fertig war, schaute er die noch heiße „Brühe" an, wollte sie aber nicht probieren. „Mango kochen, Papaya kochen, Mama ist crazy", schüttelte er den Kopf.

Am nächsten Tag fragte er dennoch, ob die gestern gekochten Früchte noch essbar wären. Nachdem ich zwei Brote mit Marmelade geschmiert hatte und eines davon genüsslich in seinem Beisein verspeiste, traute er sich auch das Brot zu essen. Seine Mimik veränderte sich mit jedem Bissen: Zweifel, Vorsicht, Überraschung, Genuss. Ihn dabei zu beobachten, amüsierte mich sehr.

Da wir am besagten Tag noch viele reife Früchte im Haus hatten, schlug ich vor, dass er unter meiner Anweisung selbst Marmelade kochte und ein Gläschen seiner Familie zum Probieren mitnahm. Während unserer gemeinsamen Arbeit in der Küche erklärte ich ihm, dass wir in Deutschland noch Zucker dazugeben. Da aber die reifen Früchte in Kenia sehr süß seien, schmecke die Marmelade auch ohne Zucker. Das einzige Problem könnte die Aufbewahrung der nicht gesüßten Marmelade sein. Die Menschen im Dorf hätten keinen Strom und entsprechend auch keinen Kühlschrank.

Der Gärtner hatte bei meiner letzten Anmerkung nur gelacht: seine große Familie würde das alles auf einmal aufessen. Bald würde sein Papaya Baum viele Früchte haben, daraus könnte er dann viel „Mamulada" machen. – Mit der Aussprache funktionierte es immer noch nicht.

Die Geschichte „der gekochten Früchte" machte in der Gegend schnell die Runde. Sogar die Köche von den Hotels fragten mich immer wieder, ob und wie man noch andere Früchte kochen könne. Die Hotel- und Ferienanlagenbesitzer seien jetzt sehr glücklich, dass sie nicht mehr teure Marmelade aus England kaufen müssten, sondern den Gästen eigene, viel besser schmeckende Marmelade anbieten könnten.

Nach einigen Jahren traute ich meinen Augen nicht, als ich in den Regalen des Supermarktes neben den Gläsern englischer Marmelade einige neue Sorten mit der Aufschrift „Product of Kenya" sah.

Ob meine Idee der Grund dafür war? Ich glaube nicht, dennoch wird seitdem in unserem Dorf fleißig Marmelade gekocht, die viel besser schmeckt als die aus dem Supermarkt.

Zurück zu den Kühen ...

„Ob Kühe Marmelade fressen? Wahrscheinlich hat es noch keiner getestet", lachten wir und malten uns aus, wie es wäre, wenn die Kühe eimerweise Marmelade fressen würden.

Da es mit den Kühen nicht so einfach war wie mit der Marmelade, blieb mir damals nichts anderes übrig, als die 800 Euro Spende zurück nach Deutschland zu bringen.

Damit war meine „Kuh-Geschichte" aber noch nicht zu Ende.

Nach jeder Rückkehr aus Kenia informierte ich unsere Vereinsmitglieder über den Verlauf der Projekte und auch über das Erlebte. Diesmal berichtete ich auch über meine in Kenia nicht umsetzbare „Kuh-Vision". Emmanuel, unser aus Togo stammendes Integramus-Mitglied, hatte einen Vorschlag für ein Pilotprojekt: wir schaffen zuerst eine Milchkuh in Togo an und bauen in der Nähe der von Integramus gebauten Schule einen Stall. Mit der Zeit sollen die jungen Menschen aus dieser Gegend an diesem Projekt als Auszubildende teilnehmen. So solle unter dem Motto „Ernähr dich selbst" eine Lehr- und Lernfarm, eine Art landwirtschaftliche Berufsschule entstehen. Da Emmanuel in Togo über viel Erfahrung und entsprechende Kontakte zu den Landwirten verfügt, bestand eine gute Chance das Projekt dort zu realisieren.

Seine Argumente für dieses Projekt waren sehr nachvollziehbar und folgendermaßen begründet: Den Menschen in Togo, so wie denen in Kenia, fehlen die für die Landwirtschaft nötigen Voraussetzungen, Kenntnisse und natürlich eine Kuh. Dazu leiden viele Länder südlich der Sahara unter subventionierten Agrarerzeugnissen aus Ländern außerhalb des afrikanischen Kontinents. Hinzu kommen die häufiger werdenden Klimaereignisse wie Dürren und Überschwemmungen.

Seit 2011 läuft das Projekt „Ernähr dich selbst" in Togo sehr erfolgreich und Integramus ist stolzer Besitzer von fünf Kühen (2019).

Mit dem Farmprojekt hilft der Verein Integramus den Landwirten vor Ort im Bereich Viehzucht neue Perspektiven zu erschließen.

Hilfe, Fundis im Haus!

Für die in Suaheli nicht Kundigen ist Fundi ein Handwerker, der auf einem Gebiet etwas kann oder zumindest glaubt, etwas zu können. Viele, die schon einen Meterstab gesehen oder einen Hammer in der Hand gehalten haben, oder zugesehen haben, wie man Beton mischt, meinen, sie seien Fundis. Es gibt in Kenia aber auch einige wenige Fachmänner, die eine richtige technische Berufsausbildung haben. Um einen kompetenten und fachkundigen Handwerker zu finden, ist man auf eine Empfehlung angewiesen. Ratsam ist diese von Nachbarn oder Bekannten einzuholen.

Das Haus, in dem wir die letzten unserer Aufenthalte in Kenia verbringen durften, ist für uns wie eine zweite (für mich die dritte) Heimat geworden. Jedes Zuhause muss, wie man weiß, gepflegt werden.

Leider wohnten in diesem Haus sehr selten Gäste und der Gärtner namens Abdalla genoss seine monatelang andauernden Ferien und kümmerte sich wenig oder gar nicht um die notwendigen Reparaturen. Bei unserer Ankunft versuchte er immer den Eindruck eines fleißigen Arbeiters zu erwecken. Wie gewohnt begann unser erster Tag in Kenia jedes Mal mit seinem Bericht, was alles im Haus nicht funktionierte und was an Reparaturen und Renovierungen anstehe. So erwarteten uns nach jeder Ankunft in Afrika immer wieder neue Überraschungen.

Über Abdalla ärgerte ich mich viel zu oft. Der Mann könnte etwas selbständiger arbeiten, wünschte ich mir. Ich musste ihm immer mehrfach sagen, was zu tun ist. Mitdenken oder Selbstinitiative zu ergreifen hatte er nie gelernt. Ich habe lange gebraucht, bis ich verstand, dass er nicht lesen und schreiben konnte, denn er hatte immer eine Ausrede parat, wenn es um schriftliche Sachen ging. Ich durfte ihm auch keine zwei Aufgaben auf einmal geben. Nach kurzer Zeit vergaß er schon eine oder beide Aufgaben. Da aber Abdalla schon viele Jahre in diesem Haus „bei den Weißen" gearbeitet hatte und ich ihn einige Jahre kannte, hoffte ich, dass er sich einarbeiten würde. Deshalb versuchte ich ihm eine selbständigere Arbeitsweise beizubringen. Ich glaubte, er könnte diese erlernen.

Na ja, die Hoffnung stirbt zuletzt.

Ich war in Kenia mehrmals in den Dörfern unterwegs gewesen und hatte sehr viele Bauruinen oder halbfertige Gebäude gesehen, die aus Geldmangel jahrelang gebaut wurden. Wenn sie dann fertig waren, standen schon die ersten Reparaturen an. Die meisten Kenianer, auch Abdalla und seine Familie, leben sehr einfach (ich will das Wort primitiv nicht verwenden, um die Menschen nicht zu beleidigen). Sie besitzen kaum Möbel, als Kochplatte dienen drei Steine und die meisten von ihnen müssen Wasser von weit herholen.

Deshalb dachte ich, dass die Menschen mit den zivilisierten Standards überfordert wären, was in Abdallas Fall auch zutreffend war. Erst einige Jahre später wurde ich durch andere Kenianer eines Besseren belehrt.

November/Dezember 2011

Angekommen am 25. November 2011 stellten wir als erstes alle Mängel im und ums Haus herum fest.

Damit man sich besser vorstellen kann, wie viel es diesmal zu reparieren, zu renovieren und zu ändern gab, zunächst eine kurze Beschreibung unseres Aufenthaltsortes:

Auf dem ca. 10 Ar großen Grundstück steht am Eingang eine Doppelgarage, in der Mitte ein zweistöckiges Wohnhaus mit zwei Schlafzimmern, einer Küche, zwei Badezimmern, dazu zwei überdachten Terrassen und einem Balkon. Auf dem Gelände befinden sich noch ein Pool und zwei kleine Nebengebäude". Im ersten kleinen Haus (ich nenne es „Wasserhäuschen") befindet sich der Brunnen mit der elektrischen Wasserpumpe. Auf diese Weise wird das Haus mit Wasser versorgt (die abenteuerliche Geschichte von der Wasserpumpe kommt später). Im zweiten Häuschen befinden sich alle für die Reinigung des Pools notwendigen Gerätschaften, unter anderem ein Filtersystem und eine Umwälzpumpe.

Alle Bauten sind mit Makuti-Dächern bedeckt – typisch afrikanische Dächer aus getrockneten Wedeln der Kokosnusspalmen.

Die Liste der kaputten und reparaturbedürftigen Stellen war diesmal lang. Die Gitter des alten Eingangstors und der Türen in beiden kleinen Nebengebäuden waren unten so durchgerostet, dass ich befürchtete, sie brechen beim nächsten Öffnen zusammen und verletzten denjenigen, der sie öffnet. Die feuchte salzige Luft an der Küste Kenias wirkt auf alles, was aus Metall hergestellt wurde, wie Gift. Es rostet alles und auch noch ziemlich schnell. Natürlich halten die Sachen auch länger, wenn man sie richtig und regelmäßig pflegt. Nur in diesem Haus hatte sich keiner darum gekümmert.

Dann standen auf unserer Liste fast alle Wände, von denen große Stücke Putz abgefallen waren. Durch alle Dächer leuchtete dazu die Sonne wegen der vielen Löcher. Fast alle Wasserhähne tropften und die Brause in der Gästedusche funktionierte nicht. Das größte Problem stellte dennoch die elektrische Wasserpumpe des Brunnens dar, weil sie nonstop lief. Das war auch der Grund für den hohen Stromverbrauch und die daraus resultierende beachtliche Stromrechnung, die auf dem Tisch lag.

„Wohin wohl das viele kostbare Wasser spurlos verschwindet?", fragte ich mich.

Meine handwerklichen und technischen Kenntnisse halten sich in Grenzen und Abdallas Talente waren noch bescheidener, so brauchten wir auch dieses Mal fremde Hilfe. Die Fundis mussten her.

Tag 1

Der Fundi hieß Josef, war Klempner und reparierte seit Jahren bei unseren direkten Nachbarn verschiedene Sachen. Er erschien zuerst allein und machte mit mir einen Rundgang durch das Haus. Dann sagte er mit wichtigtuerischem Blick: „Ich muss mein Werkzeug und meine Gehilfen holen. Ich werde in einer Stunde wieder hier sein."

Erst nach einigen Stunden kam Josef mit seinen drei Helfern und machte mit ihnen einen erneuten Hausrundgang. Dabei wurde viel geredet, diskutiert und gestikuliert. Alles in Suaheli, ich verstand meistens nur Bahnhof.

Dann wurde ich auf Englisch um ein Blatt Papier und einen Stift gebeten. Wir setzten uns an den Tisch und der Fundi teilte mir mit, dass das Problem der nonstop laufenden Wasserpumpe die Wasserhähne wären. Diese seien sehr alt und besonders im Gästebad irreparabel. Man müsste neue kaufen.

Wir erstellten eine Liste mit allen benötigten Teilen und verabredeten uns am nächsten Tag um 14 Uhr im Baumarkt. Ich bat Josef diesmal pünktlich zu kommen, da ich meinen schwerbehinderten Mann nicht zu lange im Haus mit dem in Sachen Pflege unerfahrenen Gärtner lassen könne.

Tag 2

Am nächsten Morgen rief mich Josef an und teilte mir mit, dass er mich persönlich pünktlich um 14 Uhr abholen würde und wir gemeinsam mit dem Matatu in den Baumarkt nach Ukunda fahren würden.

Die meisten Baumärkte in Kenia sind eine Geschichte für sich. Man darf selbst nicht an die Regale gehen und die Ware in die Hand nehmen, um sich diese anzuschauen. Man bleibt Ruhe bewahrend hinter einer Theke stehen und wartet, bis ein Mitarbeiter frei wird.

An diesem Tag standen noch sechs Kunden vor uns und alle warteten geduldig, bis man drankam. Alles verlief kenianisch – „pole pole". Nach einer Stunde waren wir endlich an der Reihe. Um das vorhandene Sortiment an Wasserhähnen anzuschauen, holte uns der Verkäufer gemütlich und ohne Stress aus den Schubladen immer wieder einen Hahn und erklärte, sie seien alle aus China, würden nach ein paar Monaten undicht sein und verrosten.

Irgendwann kam der Ladenbesitzer persönlich zu uns und legte einen selbstgebastelten Katalog auf den Tisch. Dieser bestand aus vielen Fotos und handgeschriebenen Einträgen und Preisen. Darin waren qualitativ bessere Produkte enthalten, welche dementsprechend bis zu fünfmal teurer waren. Er wandte sich an mich: „Diese Hähne könnte ich eventuell in Nairobi mit einer Lieferzeit von bis zu 2 Wochen bestellen. Für die Dusche hätte ich vielleicht extra für dich etwas ganz Besonderes. Aber nur, weil du es bist", sagte er und ging weg.

Nach 15 Minuten (ich dachte schon, er sei nach Hause gegangen und baut bei sich einen Wasserhahn ab) brachte er ein Dusch-Brause-Set und sagte ganz stolz: „Dieses Set ist in Deutschland hergestellt worden. Es ist garantiert eine gute Qualität. Natürlich hat es einen entsprechenden Preis von 180 Euro. Die guten Wasserhähne bestelle ich für dich. Rufe mich in den nächsten Tagen an. Vielleicht bekomme ich die Ware schneller in Mombasa."

Mir blieb nichts anderes übrig als für die Dusche das teure Brause-Set aus Deutschland zu kaufen und die „guten" Wasserhähne zu bestellen.

Später sagte mir mein Mann, dass man im Baumarkt in Deutschland für diese „gute" Qualität, die auch in China hergestellt wird, maximal 30 bis 40 Euro zahle.

Tag 3

Am nächsten Morgen begann die Installation des Duscheinsatzes.

Dem Fundi fehlte immer wieder ein Werkzeug. Er ging für ein, zwei Stunden weg, kam zurück, dann fehlte wieder ein Werkzeug und er ging wieder weg.

Während die alte Brause abmontiert wurde, stellte man fest, dass ein Stück Rohr in der Wand schon abgebrochen war. „Das ist wahrscheinlich die undichte Stelle und der Grund dafür, dass die Pumpe nonstop laufe", meinte Josef.

Zuerst wurden einige Fliesen herausgeschlagen, um festzustellen, auf welcher Länge das Rohr beschädigt ist und ersetzt werden muss. Dann fehlten ein Rohr, entsprechende Muffen, Zement und weiße Fliesen. Daher musste man wieder in den Baumarkt. Hilfe!

Josef beruhigte mich: „Ich fahre morgen allein in den Baumarkt. Heute schaffe ich es nicht. Vielleicht kommt morgen schon einer der bestellten Hähne. Mama, gib mir 7.500 KSH (70 Euro), ich werde alles nötige Material zum Montieren gleich kaufen. Ich bringe dir die Rechnung des Baumarkts. Die Kosten für die bis jetzt geleistete Arbeit betragen 2.500 KSH (25 Euro)."

Fragend schaute ich unseren Gärtner an, der mir mit den Augen und einem Kopfnicken andeutete, dass es in Ordnung wäre.

Tag 4

Am nächsten Morgen stand die ganze Truppe um 9 Uhr vor dem Haus.

Das fehlende Material war da, sogar ein neuer Wasserhahn. Ich hoffte, es fehlten heute keine Werkzeuge oder sonst noch was.

Bis zum Mittag wurde im Haus geklopft, geschlagen, Zement gemischt, die Wasserpumpe aus- und eingeschaltet, kurz gesagt fleißig gearbeitet. Alle fünf Minuten klingelte mal bei einem, mal bei einem anderem der Arbeiter das Handy. Ich fühlte mich wie in einer Telefonzentrale.

Kurz vor der Mittagspause kam Josef zu mir und entschuldigte sich: „Ich muss dringend in ein anderes Haus, dort ist ein Rohrbruch. Meine Mitarbeiter machen hier weiter. Ich komme später, um alles zu kontrollieren."

Ich entschied, das ganze Team in die Mittagspause zu schicken, gab den Männern Geld für Essen und genoss die göttliche Ruhe im Pool. Ich traute mich nicht in die noch nicht fertige Baustelle Gästebad anzuschauen.

Als die Arbeiten fortgesetzt wurden, teilte mir unser Gärtner, der die ganze Zeit zugesehen hatte und als Assistent und Handlanger für die „Spezialisten" unterwegs war mit: „Es ist bald alles fertig. Wir müssen nur noch aufräumen und sauber machen."

Nach einer Stunde kamen die Männer und führten mich in das „neue" Bad.

Ich war sehr überrascht und musste zugeben, dass es gut aussah. Auch Josef, der von seinem Einsatz zurückgekommen war, lobte sich selbst und seine Mitarbeiter. Es schien auch alles zu funktionieren.

Alle waren glücklich und ich dazu noch sehr erleichtert, weil jetzt endlich Ruhe ins Haus käme und ich mich nur auf die Pflege meines Mannes und die anstehenden Projekte konzentrieren konnte. Vielleicht könnte ich sogar ein bisschen Urlaub machen.

Eigentlich wäre hier die Geschichte zu Ende. Wenn nicht die Nacht gekommen wäre!

Nacht 4

Sehr erschöpft von den letzten anstrengenden Tagen lag ich im Bett und ich machte mir noch Gedanken über den morgigen Tag. Mein Mann schlief schon sehr tief und ich hoffte, dass es auch so bleibt.

Ich war zufrieden, dass der Umwelt und unserem Geldbeutel zuliebe die undichte Stelle gefunden und repariert wurde.

An die Geräusche der kenianischen Nächte hatte ich mich schon gewöhnt. In der Nähe „lachte" das Buschbaby, durch den Wind bewegte Palmenblätter erweckten den Eindruck von Regen, die Zikaden zirpten, von weit her hörte man die Brandung des Indischen Ozeans. Alles wie jede Nacht.

Oder war da doch was anders? Halluziniere ich oder höre ich die laufende Wasserpumpe? Habe ich vergessen irgendeinen Wasserhahn zuzudrehen?

Auf einmal wurde ich wach, stand auf, lief durch das ganze Haus, kontrollierte alle Leitungen. Alle Hähne waren zugedreht. Ich nahm die stärkste Taschenlampe, lief ums Haus herum, schaute mir alle Gartenhähne an. Auch hier schien nichts zu tropfen.

Etwas widerwillig ging ich zum Wasserhäuschen. Da die Tür dort nur aus einem verrosteten Gitter bestand, hatte ich Angst, dass sich nachts dorthin ein Tier, beispielsweise eine Schlange, verirren könnte.

Ich ging wieder ins Haus, zog eine lange Hose und geschlossene Schuhe an, sammelte meinen ganzen Mut und ging in das Häuschen hinein.

Ich hatte mich nicht getäuscht. Alle 30 Sekunden startete die Pumpe, als ob irgendwo ein Wasserhahn aufgedreht und nach 30 Sekunden zugedreht wurde. Und das wiederholte sich ständig.

Ich stellte mir die ganze Zeit die Frage, wohin das Wasser laufe. Ich schaltete die Pumpe aus, ging wieder ins Bett und versuchte zu schlafen.

Tag 5

Nach dieser unruhigen Nacht, mit den Nerven fix und fertig, enttäuscht und mit negativen Emotionen geladen begrüßte ich unseren Gärtner Abdalla entsprechend. Der Arme wusste nicht, was er verbrochen haben könnte, und versuchte mich zu beruhigen. Als er verstand, wo mein und ab jetzt sein Problem lag, ging er mit mir alle „Wasserstationen" im Haus und auf dem Grundstück durch. Auch er fand nichts und rief daraufhin Josef an.

Die ganze Truppe der Fundis kam wieder und machte mit Abdalla erneut den ganzen Rundgang durch das Haus. Niemand konnte etwas feststellen. Darauf versuchte Josef mir eine seiner Vermutungen schonend beizubringen.

„Ja, Mama, wahrscheinlich ist entweder eine der Wasserleitungen im Garten undicht oder im Haus. Wir werden alles überprüfen müssen."

Ich dachte, dass er ein Prüfgerät oder so was in der Art besäße, um das Problem zu erkennen, und dass die ganze Prozedur nicht so lange dauern würde. Denn so viele Gartenleitungen hatten wir nicht. Ich fragte nach.

„Von solchen Prüfgeräten habe ich schon gehört, aber in Kenia gibt es sie nicht. Morgen werden wir das Problem auf kenianische Art lösen. Ich bin sehr zuversichtlich, ‚hakuna matata' (Suaheli: kein Problem), Mama Luba."

Oh je, auf kenianische Art, dachte ich.

Tag 6

An diesem Tag musste ich einkaufen, wir hatten nicht mal mehr Trinkwasser im Haus. Da es bei mir in den letzten vier Jahren nach dem Schlaganfall meines Mannes alles „haraka haraka" (Suaheli: schnell, schnell) gehen musste, bestellte ich ein Taxi, ging zuerst auf die Bank, holte Geld und fuhr dann ich in den Supermarkt.

Überall gab es ziemlich lange Wartezeiten. Ich rief immer wieder Abdalla an und erkundigte mich nach Gerhards Zustand. Abdalla beruhigte mich: „Mit Gerhard ist alles in Ordnung und die Fundis suchen weiter nach der undichten Stelle, haben diese aber noch nicht gefunden."

Nach ca. 2,5 Stunden kam ich zurück. Als ich das Tor öffnete, dachte ich, dass ich auf dem falschen Grundstück gelandet sei. Der halbe Garten war ausgebuddelt, die Steinplatten waren aus dem Gehweg herausgerissen. Sie lagen überall verstreut, genauso wie die ausgegrabenen Wasserleitungsrohre.

Wie sollen wir uns jetzt in diesem Chaos mit dem Rollstuhl bewegen? Falls etwas passiert und wir dringend ins Krankenhaus müssten, wie würden wir hier herauskommen, waren meine ersten Gedanken.

Die Nachricht, die mir Josef überbrachte, war nicht gut. „Die Leitungen im Garten sind in Ordnung, die undichte Stelle ist wahrscheinlich doch im Haus. Ich will morgen ein Rohr vom Haus abtrennen, um zu sehen, genauer gesagt zu hören, wohin das Wasser läuft."

Wollen sie jetzt noch das ganze Haus auseinandernehmen, fragte ich mich. Um in diesem Moment nicht zu explodieren, schickte ich alle weg.

In den nächsten Tagen versuchte der Gärtner den Garten in einen etwa gleichartigen Zustand wie zuvor zu versetzen. Die Wasserpumpe wurde immer nur dann eingeschaltet, wenn man Wasser brauchte. Leider vergaßen wir das Ausschalten immer wieder. Nacht für Nacht hoffte ich, dass mein Mann nicht mehrmals das Bedürfnis verspürte auf die Toilette zu gehen, und ich deshalb die Wasserpumpe wieder einschalten müsste. Sehnsüchtig dachte ich dabei an den Luxus der Wasserversorgung in Deutschland.

Irgendwann fing ich an in der Nacht die Schritte vom Bett bis zum Pumpenhäuschen zu zählen. Es waren 60 Schritte hin plus 60 zurück. Wenn man am Tag den Weg mindestens fünfmal macht, sind es 600, in der Nacht noch dreimal, plus 360, also etwa tausend Schritte, und somit fast 1 km am Tag, der mich zusätzlich zu der Pflege meines schwerbehinderten Mannes, der Betreuung zweier Projekte und den üblichen Hausarbeiten belastete.

Es waren für mich sehr anstrengende Zeiten. Jeder dieser überflüssigen Schritte fiel mir schwer. Ich hoffte, der Tag X würde kommen, an dem das Problem der Wasserpumpe gelöst wäre.

In den Weihnachtsferien besuchten uns meine Tochter Christina und mein Schwiegersohn Torsten. Das Problem mit der Pumpe wurde natürlich als eines der ersten diskutiert. Die Leitungen im ganzen Haus zu testen, eventuell zu wechseln war aus verschiedenen Gründen nicht möglich.

Torsten hatte folgende Idee: um den Weg für das Ein- und Ausschalten der Wasserpumpe zu verkürzen, könnte man den im Pumpenhäuschen befindlichen Schalter in den Flur des Hauses verlegen. So bestünde wenigstens die Möglichkeit die Pumpe direkt im Haus und immer nur dann einzuschalten, wenn man Wasser braucht. So macht man es doch auch mit dem Licht. Wenn wir Licht brauchen, schalten wir es ein, wenn es nicht mehr gebraucht wird, schaltet man es aus. Das müsste doch auch mit der Wasserpumpe funktionieren.

Ein Fundi sollte sich das anschauen. Der Nachbar empfahl uns einen Elektriker und rief ihn gleich an. Der Mann kam am nächsten Tag vorbei. „Ja, es ist gar kein Problem die elektrische Leitung ins Haus zu verlegen und den Schalter im Flur zu installieren", meinte der Elektriker nach einer Besichtigung aller Leitungen. „Ich brauche sehr viel Material und kann morgen alles machen."

Er schrieb auf, was er dafür benötigte und was es kosten würde. Ich fragte zweimal nach, ob er nichts vergessen hätte und gab ihm das nötige Geld. Am nächsten Tag kam er frühmorgens, arbeitete 5 Stunden und siehe da, es fehlte nichts und der Schalter wurde dort angebracht, wo ich ihn haben wollte.

Es funktionierte! Die Pumpe konnte nun im Bedarfsfall direkt im Haus ein- und ausgeschaltet werden. Der Weg zum Pumpenhäuschen erübrigte sich und so sparte ich jeden Tag und jede Nacht viel Kraft und Zeit. Endlich hatte ich kein schlechtes Gewissen in Afrika so viel Wasser zu verschwenden. Ob ich diesen Tag als Tag X bezeichnen könnte?

Die nächste Baustelle

Beim Gedanken an die neue Baustelle im Haus bekam ich Panik, aber unser altes Eingangstor musste in erster Linie aus Sicherheitsgründen repariert werden. Auch die Türen in beiden kleinen Häuschen brauchten neue Gitter. Ein Schweißer und ein Maurer müssen kommen. Diesmal bat ich unseren Kindergartenmanager Bakari um Hilfe. Der Kindergarten war in der Weihnachtszeit geschlossen, so war Bakari sehr glücklich die Zeit und Möglichkeit zu haben mir im und um das Haus helfen zu können. Deshalb überließ ich ihm die ganze Organisation. Aus Erfahrung wusste ich, dass man als Europäer den Handwerkern bei der Arbeit besser nicht zuschauen sollte, weil man dann besser schläft. In Kenia ist nun mal alles anders.

Die Prozedur der Arbeit begann wie immer. Zuerst kamen die Handwerker, um den Umfang der Arbeit, des Materials und der benötigten Geräte einzuschätzen. Dann erstellten die Männer eine Liste. Bakari bekam die für das Material benötigte Summe an Geld und die ganze Mannschaft verließ mich für heute.

Am nächsten Tag ging es an die Arbeit. Bakari kaufte zwei Säcke Zement, die mit einem Motorrad geliefert wurden. Abdalla brachte zwei Schubkarren Sand, der bei den Nachbarn nach einer Reparatur übriggeblieben war. Der Schweißer musste sich zuerst ein Schweißgerät von einem anderen Schweißer leihen. Das Gerät wurde dann mit dem Fahrrad gebracht. Danach wurde das ganze Tor von Hand herausgerissen.

Der Schweißer war nach 4 Stunden mit der Arbeit fertig und zeigte mir das Ergebnis. „Bevor man das Tor einmauert, sollte es mit einer speziellen Farbe gestrichen werden, dann wird es wie neu aussehen", hatte er mir noch empfohlen.

Jetzt ging der Maurer ans Werk. Als ich den Mann genauer anschaute, kam mir sein Gesicht sehr bekannt vor. Ich wusste aber nicht mehr, woher ich den jungen Mann kannte. Ich fragte Bakari, ob er mir behilflich sein könne. Er lachte nur: „Mama, als unser Kindergarten gebaut wurde, warst du doch fast jeden Tag auf der Baustelle. Erinnerst du dich an die acht Lehrlinge, die damals mit Unterstützung von Integramus während der Bauarbeiten ausgebildet wurden? Das hier ist Omari. Er war einer der Azubis und verdient nun sein Geld mit dem damals erlernten Beruf." Ja sicher, wusste ich nun, wo ich ihn oft gesehen hatte. Diese

Nachricht hörte ich mit einem gewissen Stolz. Heute wollte Omari sein Bestes zeigen und nicht mal zur Mittagspause mit der Arbeit aufhören.

Am nächsten Tag brachte Bakari die schwarze Farbe für das Tor und die weiße für die Mauer. Die Arbeiten waren nach zwei Tagen beendet. Sie verliefen diesmal ohne Stress und Ärger. Ich war über den Verlauf der Reparaturen positiv überrascht. Oder hatte ich mich in Kenia so eingelebt, dass ich die Sachen nicht mehr als so tragisch ansah?

Das Schicksal einer Wasserpumpe

Dass wir bei jedem Aufenthalt Probleme mit der Wasserversorgung hatten, gehörte schon irgendwie zu unseren Keniareisen dazu. Aus diesen Katastrophen entstand folgender „Wasserpumpen-Krimi“:

Darf ich mich vorstellen: ich heiße Wasserpumpe und bin ein Gerät zur Förderung oder Bewegung von Wasser aus der Erde (behauptet Wikipedia). Die Mitglieder meiner Familie werden meistens in die tiefen Brunnen eingesetzt.

Wie die Menschen Wasser und Essen zum Leben brauchen, so brauche ich und meine Artgenossen entweder einen Stromanschluss, Sonnen-/Windenergie oder irgendeine andere Nahrung. Ich persönlich kann nur mit elektrischem Strom arbeiten.

Geboren wurde ich in einem Werk, in dem sehr freundliche Menschen arbeiten, die immer ein Lächeln im Gesicht haben und sehr viel Reis essen: Reis zum Frühstück, Reis zum Mittag und Reis zum Abendessen. Meine Organe stammen aus der ganzen Welt. Mein Herz (die Menschen nennen es Motor) kam aus einem Land mit vielen verschiedenen Pizzen, die Kolben wurden im Land der Kängurus hergestellt, alles Elektrische fertigte das Land der Pharaonen an. Über die anderen, kleineren Teile kann ich nicht mal genau sagen, wo sie hergestellt wurden.

Na ja, wenn mir etwas wehtun sollte, müsste ich lange auf Organe für eine Transplantation warten.

Mein Körper wurde nach dem Reis zum Mittagessen zusammengebaut, in eine dunkle Kiste mit vielen weichen Kissen verpackt und auf eine lange Reise geschickt. Schade, dass mein vorübergehendes Zuhause fensterlos war, sonst hätte ich bei meinem ersten großen Versand viel gesehen. Vom Gefühl und von den Geräuschen her bin ich zuerst mit dem Zug transportiert worden. Dann hörte ich viele Tage oder sogar Monate Wellen auf Metall schlagen und etwas übel vom ständigen Schwanken war mir auch, so bin ich wahrscheinlich lange auf hoher See unterwegs gewesen.

Eines Tages wurde es endlich ruhiger. Vielleicht war ich in meiner neuen Heimat eingetroffen, würde bald in gute Hände kommen, erhielte viel mehr Platz und würde meiner Berufung nachgehen können. Ich träumte von weichem Wasser, das ich zuerst einsaugen, dann hochpumpen würde und nicht mehr so nutzlos daliegen müsste.

Aus meinem Traum riss mich das Dröhnen einer starken Maschine, die mich wohl von meinem jetzigen Platz auf einen anderen umgeladen hatte.

Meine weichen Kissen waren während des langen Schaukelns auf See etwas verrutscht. Dadurch verursachte jede heftige Bewegung blaue Flecken auf meinem Körper. Als jemand mein Häuschen hochhob und auf etwas Hartes warf, tat es mir so weh, dass ich Angst hatte zu sterben. Wissen diejenigen nicht, dass, wenn mein Herz schwer verletzt würde, ich zu nicht mehr zu gebrauchen wäre!? Wahrscheinlich müssen sie nichts für mich bezahlen, sonst würden sie mit mir zärtlicher umgehen.

Dann bin ich mit einem Auto gefahren. Oder war es doch eine Pferdekutsche? Jedenfalls machte meine Kiste Luftsprünge von links nach rechts, von unten nach oben, dann zurück. Ich wollte schreien: „Hilfe! Vorsichtig! Ich bin eine Wasserpumpe, ich darf nicht beschädigt werden!"

Keine Chance. Mich hätte sowieso niemand gehört. Der Fahrer war anscheinend schwerhörig, weil das Radio so laut lief, dass er niemanden hören konnte. Während dieser Horrorfahrt lernte ich ein Lied kennen, in dem die Worte „hakuna matata" mindestens zwanzigmal wiederholt wurden und wahrscheinlich der Mentalität der Menschen dieses Landes entsprachen.

Das Fahrzeug wurde etwas langsamer und nach einigen Schwankungen blieb es stehen. Mein Häuschen wurde vorsichtig ausgeladen, was für mich ein sehr gutes Zeichen war. So können die Menschen mit mir umgehen, für die ich einen Wert habe. Entspannt dachte ich, ab jetzt werde es mir besser gehen. Ende gut, alles gut.

Bald wurde meine Kiste aufgemacht, die starke Hand eines Mannes nahm mich heraus und ich erblickte den blauen Himmel, die strahlende Sonne, viele verschiedene exotische bunte Pflanzen, darunter hohe Palmen. Oh, ist es heiß hier! Bei diesen Temperaturen brauchen die Menschen viel Wasser, also erwartet mich harte Arbeit.

Der Mann stellte mich zuerst auf einen Tisch, drehte mich hin und her, schaute sich alle meine Körperteile sehr aufmerksam an und entdeckte meine blauen Flecken, worauf er die zu mir passende rote Farbe nahm um damit alle meine Verletzungen zu bedecken.

„Wie neu", sagte er zufrieden. „Warum, wie neu? Ich bin neu!", dachte ich.

Er zeigte mich noch den anderen Männern im Raum, dann fand er für mich einen Platz in einem großen Regal zwischen verschiedenen anderen Geräten und stellte mich hinter ein Schild mit sehr vielen Zahlen.

Nach einigen Tagen kamen zwei ältere Leute in den Laden, die eine elektrische Wasserpumpe suchten. Sie waren mir auf den ersten Blick sehr sympathisch.

Meine knallrote Farbe fiel der Frau sofort ins Auge, meine Größe würde dem Mann sehr gut passen, aber nachdem die beiden das Preisschild gesehen hatten, drehten sie sich von mir weg. Für mich hieß das eindeutig: ich bin zu teuer.

Der Verkäufer begann nun alle meine Fähigkeiten aufzuzählen (es tat mir gut: bis jetzt hatte mich noch niemand so gelobt). Die Käufer zweifelten nicht an meiner Qualität, nur der Preis war für sie viel zu hoch.

Die lange Diskussion endete mit der Halbierung meines Wertes. Ich wurde wieder verpackt und auf einem bequemen weichen Sitz zu meinem neuen Zuhause gebracht. Unterwegs freuten sich meine neuen Herren sehr über mich und ich schwor, sie nicht zu enttäuschen.

Im Haus warteten schon zwei Personen auf uns, die behaupteten, sich mit solchen Geräten gut auszukennen. Ich wurde wieder ausgepackt, von allen Seiten bemustert und betastet und zum Platz meiner Herausforderung gebracht. Das Ehepaar übergab mich zur Installation den Fachleuten und ging weg.

Die Handwerker schauten sich den ganzen Inhalt meiner Kiste an, fanden dort ein Papier mit vielen Buchstaben und Zahlen und versuchten etwas zu entziffern. Der ältere konnte nichts verstehen und drängte den jüngeren, ihm immer wieder was vorzulesen und zu erklären. Auf mich wirkte die ganze Situation unprofessionell und nicht vertrauenswürdig.

Meine Vermutung verstärkte sich, nachdem die beiden mich total falsch angeschlossen hatten. Ein Stromschlag traf mich an allen Ecken, aber die richtigen

Leitungen, die es brauchte mein Herz zum Schlagen zu bringen, wurden nicht verdrahtet. Die „Spezialisten" hatten keine Ahnung, wie sie mich zum Laufen bringen sollten.

Ich wurde gedreht und geschüttelt. An allen meinen Öffnungen versuchte man Stromkabel anzubringen und ich wurde dadurch immer wieder von Stromschlägen getroffen.

„Leute, überlasst mich doch den Menschen, die etwas von mir verstehen und mit meiner Familie schon einmal zu tun hatten. Es ist doch so einfach mich zum Laufen zu bringen", schrie ich in meinem Inneren.

Nach einigen Stunden kamen meine Besitzer zurück und erkundigten sich, wann ich endlich zum Einsatz käme. Sie würden sich gerne waschen.

„Wir müssen noch in den Baumarkt, weil einige Rohre und Kabel fehlen. Ihr müsst uns heute für die Arbeit bezahlen und uns Geld für die notwendigen Teile geben", logen die Männer die alten Menschen an.

Leider spreche ich die Sprache der Menschen nicht, sonst hätte ich gerufen: „Sie lügen, mir fehlt nichts, die Männer sind Betrüger und verstehen absolut nichts von Wasserpumpen. Gebt ihnen kein Geld!"

Die guten Menschen glaubten den sogenannten Handwerkern und gaben ihnen, was sie wollten.

Am nächsten Tag geschah nichts. Meine Besitzer versuchten die ganze Zeit die Männer telefonisch zu erreichen. Am Abend wurde ihnen klar geworden, dass sie das Geld verloren hatten und trotz meiner Anwesenheit weiter ohne Wasser durchhalten mussten. Sie klagten dem Nachbar ihr Leid und der hilfsbereite Mann versprach, bei der Suche nach den richtigen Handwerkern zu helfen.

Schon wieder war ein Tag vorbei und ich blieb weiterhin arbeitslos. Meine Stimmung sank und bei dieser Hitze sehnte sich mein Körper nach einer Erfrischung. Am frühen Morgen hörte ich viele Stimmen. Der Nachbar, meine Besitzer und zwei Herren in blauen Arbeitsanzügen und einem kleinen alten Koffer (genau so stellte ich mir immer echte Fachmänner vor) kamen in meine Unterkunft.

Ohne viel zu reden, griff mich einer der zwei Blauanzüge auf, brachte mich an meine Arbeitsstelle und schloss mich mit Hilfe des zweiten Mannes in einer sehr kurzen Zeit an die Wasserrohre und Elektroleitungen an. Mein Herz fing sofort an zu schlagen und das kühle Wasser durchströmte mein Inneres. Mir tat es gut und meine Besitzer lachten laut vor Freude. Alle waren glücklich und für mich begann die ersehnte Aufgabe.

Mit meinen Arbeitszeiten war ich sehr zufrieden. Ich durfte längere Pausen machen und wurde in der Nacht nur selten geweckt. Immer wieder hatte ich einige Monate Urlaub, weil meine Herren verreisten. Wenn sie nicht da waren, fehlten auch die Angestellten.

So vergingen Wochen, Monate und Jahre. Ohne Zwischenfälle, ohne Reparaturen und ohne Ärger. Ich wurde von den Blauanzügen immer wieder fleißig geschmiert und gereinigt, die ersten Altersrostflecken wurden regelmäßig entfernt, so fühlte ich mich jung.

Eines Tages geschah etwas Seltsames. Am frühen Morgen hörte ich drei Männerstimmen. Zwei davon blieben mir besonders unangenehm in Erinnerung. Es waren die ersten sogenannten Klempner. Die dritte Stimme gehörte dem Gärtner der Familie. Da sie sehr leise sprachen und sich verdächtig bewegten, hieß es für mich nichts Gutes. Irgendetwas Kriminelles hatten die Männer im Sinn. Seltsam war für mich auch, dass die Herren sich ständig in meiner Nähe befanden und mich alle paar Minuten ein- und ausschalteten. Dann gingen sie an meine Stromanschlüsse. Was sie da genau machten, konnte ich nicht sehen, aber danach kam für mich eine längere Arbeitspause. Ich hatte den Eindruck, ich wurde funktionsunfähig gemacht.

Nach einigen Tagen hörte ich meine aufgeregten Besitzer, die sich mit dem Gärtner unterhielten. „Die Pumpe ist doch nicht alt. Warum ist sie kaputt?", fragten sie den Mann.

„Weiß ich nicht. Die Handwerker waren da, haben alles versucht, aber sie läuft nicht mehr. Es sieht so aus, dass eine neue Pumpe gekauft werden muss. Die alte zu reparieren lohnt sich nicht", antwortete er.

Ich kochte vor Wut: „Was erzählt er für Sachen? Ich bin total in Ordnung. Etwas älter, ja, aber voll funktionsfähig. Man muss mich nur richtig anschließen."

Bald wurde ich ausgebaut, in einen Sack gesteckt und in die Ecke des Brunnenhäuschens abgestellt. Meine Gedanken kreisten um meine Zukunft. Was passiert jetzt mit mir? Lande ich auf dem Schrottplatz? Werde ich auseinander gebaut und in Einzelteilen verkauft?

Am nächsten Tag wurde ich Zeugin einer bitteren Diskriminierung. Meine netten Besitzer kauften eine neue Wasserpumpe und ließen sie sofort anschließen. Während der Installation wurde über mich, meine Familie, über meine Qualität und meine Herkunft viel Unsinn gesprochen. Jetzt wurde mir klar, dass ich für immer ausrangiert und abgeschoben wurde. Ich werde langsam von innen und außen verrosten und qualvoll sterben.

Meine trüben Gedanken wurden am späten Abend unterbrochen. Der Sack mit mir wurde sehr leise aus dem Häuschen und auf dem Rücken eines Mannes schleichend in ein anderes Haus gebracht.

Wurde ich jetzt gestohlen? Unsinn. Warum klaut jemand eine alte Wasserpumpe? Oder doch kein Unsinn. Die Betrüger wissen wohl, dass ich betriebsbereit bin. Vielleicht werde ich noch nicht verschrottet, sondern wo anders eingesetzt?

Genau das geschah in den frühen Morgenstunden. Ich hatte wieder einen Brunnen und musste gleich einige Stunden Wasser aus der Tiefe holen. Ich war wieder glücklich arbeiten zu dürfen und alle Leute oben waren anscheinend sehr mit mir zufrieden, weil sie lange und laut lachten. Der Gärtner meiner alten Besitzer kam auch vorbei und lobte auf einmal meine Fähigkeiten und Qualität. Eigenartig, gestern beschimpfte er mich so sehr und heute bin ich die Beste.

Gewundert hat mich ein unfreiwillig mitgehörtes Telefongespräch meines neuen Gärtners mit dem Namen Abdalla (in der Gegend heißt jeder dritte entweder Ali oder Abdalla oder Hassan). Er berichtete jemandem über eine neue, für viel Geld gekaufte Wasserpumpe und über die Lösung des Wasserproblems in meinem neuen Zuhause. Seltsam, ich sah hier keine andere Pumpe.

Einige Tage war es sehr ruhig im und ums Haus herum. Die Eigentümer waren vermutlich nicht da und aus Erfahrung wusste ich, dass in dieser Zeit die Angestellten meistens nicht zur Arbeit eilten. Oft war es die Ruhe vor dem Sturm.

Meine Ferien wurden an einem Regentag unterbrochen. Abdalla war sehr beschäftigt, hat viel gewaschen, geputzt und gereinigt. Es wurde mir klar: wir bekommen Besuch. Etwas irritiert war ich über meine neuen Arbeitszeiten. Ich kam während des ganzen Tages nicht zum Stillstand. Irgendetwas stimmte im Haus nicht. Es ist doch nicht möglich, dass ein Wasserhahn dauernd läuft. Entweder hatte der Gärtner nichts vom Strom- und Wassersparen gehört (die Frage, wer hier die Rechnungen zahlte, erübrigte sich für mich), oder es gab ein Leck in der Leitung.

Am Abend wurde ich ausgeschaltet und durfte die ganze Nacht schlafen. Am frühen Morgen hörte ich ein Auto kommen und es wurden viele schwere Koffer gerollt und noch ein Gerät, was ich nicht kannte.

Aus der Unterhaltung verstand ich, dass die Besucher längere Zeit bleiben würden. In diesem Moment wusste ich noch nicht, ob ich mich darüber freuen sollte.

Das Gerät hieß Rollstuhl und diente zum Fahren eines großen Mannes. Allein konnte er sich nicht bewegen.

Nach einigen Stunden lief die Frau um das Haus herum und schaute auch in den Brunnen. Es war dunkel, sie konnte mich nicht sehen. Abdalla erzählte ihr erneut, dass ich eine neue teure Pumpe wäre, die sich automatisch ein- und ausschaltet.

„Oh Leute, auch ihr werdet belogen und betrogen. Ich bin nicht mehr neu und gekostet habe ich gar nichts. Mit der Automatik stimmt ebenfalls etwas nicht, weil ich alle 30 Sekunden unfreiwillig starte", hätte ich so gerne der Frau gesagt.

So turbulent wie der Tag begann, war auch die erste Nacht, dann die zweite. Ich hörte alle zwei Stunden, wie die Frau den kranken Mann aus dem Bett holte und auf die Toilette begleitete. Den Schritten nach zu urteilen, war die Frau um die Hälfte leichter als der Mann. Ich konnte mir gar nicht vorstellen, wie diese Frau den schweren Mann allein aus dem Bett holte.

In der dritten Nacht bekam ich überraschend Besuch. Ich hörte zuerst, wie die Frau alle Hähne im Haus und im Garten kontrollierte, dann kam sie mit der Taschenlampe in das Brunnenhäuschen, lauschte, wie ich alle 30 Sekunden startete, und schaltete mich nach einer Weile aus.

Da ich schon drei Tage und Nächte nonstop arbeitete, war ich ihr sehr dankbar für die verdiente Ruhezeit. Weitere drei Tage ohne Pausen hätte ich nicht ausgehalten (ich bin nicht mehr die jüngste).

Am nächsten Morgen weckte mich ein streitiges Gespräch zwischen Abdalla und meiner neuen Herrin. Sie verlangte eine Erklärung über mein nicht funktionierendes Automatiksystem.

„Einige Hähne im Haus und im Garten sind undicht. Wenn sie gewechselt werden, würde sich die Pumpe automatisch ausschalten. Ich rufe die Handwerker an, man muss ihnen das Geld für Material und Arbeit geben und am nächsten Tag wird alles bestens funktionieren", behauptete er.

Meine Wut konnte niemand hören: „Nicht schon wieder! Hoffentlich gibt ihm die Frau kein Geld!"

Sie war wahrscheinlich etwas erfahrener als meine Vorbesitzer, weil sie selbst in den Baumarkt fuhr, alles kaufte und die Handwerker kontrollierte.

Warum die Arbeit sehr lange dauerte, wusste ich nicht. Die Klempner gingen oft weg, dann kamen sie wieder. Fast eine Woche wurde im und ums Haus gearbeitet.

Die nette Frau wollte mich schonen, deshalb kam sie öfter in mein Domizil und schaltete mich aus. Nachts tat sie mir besonders leid, weil ich an ihren Schritten und schwerem Atem erahnen konnte, wie müde sie war.

Mein ständiges 30-sekündiges Aus- und Einschalten tat mir nicht gut. Ich merkte, wie mich meine Kräfte verließen.

Endlich waren die Handwerker fertig. Ich hoffte auf längere Ruhepausen, aber das Gegenteil geschah. Ich arbeitete wieder nonstop den ganzen Tag und die ganze Nacht. Nach drei Tagen konnte ich nicht mehr und spürte, dass ich bald in Ohnmacht fallen werde. Noch bei Bewusstsein bekam ich mit, dass meine Besitzerin dem Gärtner Abdalla und seinen Kumpanen auf die Schliche gekommen war und sie alle entlassen hatte.

Dann kam mein Herz zum Stillstand.

Wasser ist Leben

Wussten Sie schon, dass der Zugang zu sauberem Wasser ein Menschenrecht ist?

Am 28. Juli 2010 hat die Generalversammlung der Vereinten Nationen mit der Resolution 64/292 das Recht auf Wasser als Menschenrecht mit 122 Stimmen ohne Gegenstimme bei 41 Enthaltungen anerkannt. Kenia gehörte leider zu diesen 41 Ländern.

Zu einem angemessenen Lebensstandard gehört das Recht auf sanitäre Einrichtungen und sauberes Wasser. Außerdem sind andere Menschenrechte ohne das Recht auf Wasser gar nicht vorstellbar. Zum Beispiel ist schon das Recht auf Leben ohne Wasser gar nicht möglich. Das Recht auf Nahrung und der Schutz vor Hunger schließt Wasser natürlicherweise mit ein. Und nicht zuletzt ist das Recht auf Gesundheit und körperliche Unversehrtheit und eine angemessene medizinische Versorgung nicht ohne sauberes Wasser und Sanitäreinrichtungen zu erreichen.

Wasserproblem in Kenia

Mit einem Kleinbus fuhren wir von Diani Beach zum ungefähr dreißig Kilometer entfernten Naturschutzgebiet Shimba Hills. Diese bergige Landschaft erhebt sich bis auf 450 Meter über den Meeresspiegel und ist durch Urwälder geprägt.

Unterwegs sah ich immer wieder Frauen oder Mädchen am Straßenrand, die barfuß laufend auf dem Kopf einen etwa 20 Liter fassenden Wasserkanister oder ein Gefäß ohne Griffe trugen und ins Nirgendwo gingen. Weit und breit sah ich keine Siedlungen, keine Häuser. Nach ca. zwanzig Minuten Fahrt fragte ich unseren Fahrer, wohin die Frauen wollten, ich sähe keine Dörfer auf unserem Weg.

„Die meisten Kenianer, besonders in ländlicher Gegend, haben zu Hause keinen Zugang zu Wasser. Es sind bei uns Frauen und Mädchen, die oft bis zu zehn Kilometer zu Fuß bewältigen müssen, um die ganze große Familie mit Wasser zu versorgen. Fürs Trinken, Kochen, Waschen. Es sind für viele Menschen hier etwa ein bis zwei Liter Wasser pro Kopf und Tag.

Am nächsten Tag gehen sie wieder den weiten Weg zur nächsten Wasserquelle, oft durch den Busch, wo es auch viele gefährliche Tiere wie Schlangen oder giftige Insekten gibt. Wenn die Frauen Glück haben, holen sie dieses Wasser aus einem Brunnen und man kann es trinken. Wenn man es aber aus einem Fluss holt, ist das Wasser oft schmutzig und auch sehr gefährlich, weil in vielen Flüssen Krokodile leben. In der Regenzeit geht es uns viel besser, da können wir Regenwasser sammeln", berichtete unser Begleiter.

Nach diesem Bericht dachte ich, wie selbstverständlich es für uns Europäer ist, dass Wasser einfach zur Verfügung steht, wenn man welches braucht. Wasserhahn aufdrehen und man hat Wasser, warm oder kalt. Wasser spart man meistens aus folgendem Grund: Die Nebenkostenrechnung könnte zu hoch ausfallen.

Und hier erzählt uns ein Mann auch so selbstverständlich (leider!), dass es für Millionen Menschen in Afrika zum normalen Tagesablauf gehöre, solche gefährlichen Strecken überwinden zu müssen, um an ein bisschen Wasser zu kommen.

„In meinem Dorf gibt es auch keinen Brunnen, wir haben aber Glück und meine Frau braucht nur eine Stunde bis zum nächsten Brunnen."

„Warum bringst du das Wasser nicht mit dem Auto ins Haus?", fragte ich ihn.

„Das Auto gehört nicht mir, ich arbeite gelegentlich als Fahrer für ein Reisebüro. Wenn mein Chef erfahren würde, dass ich privat Wasserkanister für meine Familie transportiere, werde ich sofort entlassen. Er kontrolliert jeden gefahrenen Kilometer", redete der Mann weiter, „und den Job brauche ich, sonst würden wir verhungern."

Ich hatte vor unserer Reise nach Kenia viele Informationen und Berichte über das Land gelesen, unter anderem die Angaben von UNICEF. Laut diesen Berichten **sterben** jeden Tag **(jeden Tag!)** fast **1.000 Kinder** unter fünf Jahren an Durchfallerkrankungen, verursacht vor allem durch verschmutztes Trinkwasser und mangelnde Hygiene.

Solche Informationen schockieren jeden normalen Menschen, aber so direkt mit diesem Problem konfrontiert zu sein und diesen Frauen zuzusehen, wie sie stundenlang unter brennender Sonne ohne Schuhe unterwegs sind, erschütterte mich sehr. Ich versuchte mir vorzustellen, wie man am Tag mit zwei Litern Wasser auskommen könnte. In meiner Tasche lagen zwei Flaschen Trinkwasser, die ich für diese paar Stunden Ausflug mitgenommen hatte. Und womit soll man kochen, spülen und sich waschen?

Gerade waren wir wieder an einem jungen Mädchen, noch ein Kind, das in die Schule gehörte, vorbeigefahren. Schritt für Schritt quälte es sich mit dem schweren Gewicht auf dem Kopf über den gefährlichen Weg. Das Wasser, das sie trug, würde nicht mal reichen, um den Staub und Schmutz von ihr und ihrer Kleidung abzuwaschen.

Es ist kein Wunder, dass die Folgen des Wassermangels hier so verheerend sind und viele Todesopfer fordern.

Unsere Fahrt ging weiter in die Berglandschaft. Wir bogen von der Hauptstraße ab und fuhren auf einem sehr holprigen, mit Schlaglöchern übersäten Weg durch ein kleines Dorf.

„Hier sind wir schon ca. 300 Meter über dem Meeresspiegel", erzählte uns der Fahrer weiter. „Um hier einen Brunnen zu bohren, braucht man sehr starke Maschinen, weil man sehr tief bohren muss. Zum nächsten Brunnen sind es ca. fünfzehn Kilometer. Manchmal kommt ein Wassertransporter hierher und verkauft Wasser. Pro Familie gibt es nur zwei 20 Liter Kanister, sonst reicht das Wasser nicht für alle. Wenn aber der Transporter kaputt ist, kommt er einige Wochen nicht. Dann gehen die Frauen zu Fuß bergab, holen Wasser und schleppen es bergauf. Da sind sie einen ganzen Tag unterwegs."

Schaukelnd bewegte sich der Bus vorwärts und mich beschäftigte das Problem mit dem Wasser in Kenia sehr. Hier musste etwas getan werden! In Gedanken versunken nahm ich die wunderschöne Landschaft nicht mehr wahr.

„Mein" erster Brunnen

Kenia, 2006–2007

Bei der Planung des Kindergartenbaus stand für uns fest, dass auf dem Gelände unbedingt ein Brunnen gegraben werden soll, da es im Umkreis von drei Kilometern keinen Zugang zu Wasser gab. Ohne Wasser war es unvorstellbar und unmöglich den Kindergarten zu betreiben.

Nach vielen Meetings mit dem Architekten Ali und der Dorfverwaltung wurde zu unserem Treffen am 30. Dezember 2006 ein Rutengänger bestellt. Der ältere Mann hielt eine Y-förmige Astgabel in der Hand. Die Unterhaltung verlief auf Suaheli, weil die meisten Anwesenden kein Englisch sprachen. Da mein dürftiges Suaheli nicht ausreichte, um alles zu verstehen, beobachtete ich als stumme Zuhörerin, wie sich die Männer sehr langsam auf dem Grundstück bewegten, immer wieder stehenblieben, sich mal nach rechts, mal nach links drehten.

Währenddessen berichtete mir Ali, dass diese Y-förmige Astgabel ein Instrument sei, mit dem man unterirdische Wasseradern aufspüren könne. Meine Vorstellungskraft ging nicht weit genug, um zu begreifen, wie so ein Stückchen Holz auf Wasser hinweisen könnte. Zweifelnd verfolgte ich das Geschehen, als auf einmal alle stehenblieben und der Mann auf eine Stelle im Boden zeigte und laut schrie: „Hier!"

Alle Beteiligten jubelten und Ali zeichnete mit einem weißen Pulver einen Kreis auf die angezeigte Stelle. Die Skepsis in meinen Augen entging den Männern nicht und Ali sagte mir ganz leise, dass er mir später alles erklären werde.

„Du muss uns jetzt vertrauen, Luba. Es ist eine alte afrikanische Tradition, die mit dem Wissen, aber auch mit der Intuition verbunden ist. Der Mann, den du hier kennengelernt hast, hat diese Kenntnisse von seinem Vater, dieser von seinem Vater und so weiter."

„Sollen wir nicht noch eine zweite Meinung einholen?", fragte ich. „Wir investieren sehr viel der mir anvertrauten Spendengelder in dieses Projekt."

„Dieser Mann ist der beste Spezialist auf diesem Gebiet, hat schon viele Wasseradern aufgespürt und lag noch nie falsch. An dieser Stelle werden wir einen Brunnen bauen. Das einzige, was wir nicht genau einschätzen können, ist die Tiefe des Grundwasserspiegels. Das können zehn oder fünfzehn oder zwanzig Meter unter uns sein. Glaube mir, Luba, der Kindergarten und das Dorf bekommen Wasser", versuchte Ali mich zu überzeugen.

Mir blieb nichts anderes übrig, als zuzustimmen.

Am 02. Januar 2007 begannen die Arbeiten. Der Boden erwies sich als Korallengestein. Am ersten Tag konnten die Arbeiter ca. fünf Zentimeter der Oberschicht abtragen. In den nächsten Tagen ging es mühsam weiter – bei bis zu 50 Grad in der Sonne, ohne Schatten, ohne Wasser, ohne Sonnenschutzcreme, ohne Bohrer. Kraft und Eisenstange, das war alles, was die jungen „Brunnenbohrer" besaßen. Später kamen noch ein Seil und ein Eimer dazu, um abgeschlagene Steine aus dem Loch herauszuholen. Ehrgeiz und der sehr große Wunsch an Wasser zu kommen begleiteten die ganze Mannschaft und täglich erreichten sie mal kleinere, mal größere Fortschritte.

Ich kam jeden Tag auf die Baustelle, brachte den Herren Wasser, etwas zu essen und Zigaretten; über letzteres freuten sie sich am meisten. Eines Tages sagten sie mir, ich solle kein Essen mehr bringen. Die Dorfbewohner würden jeden Tag abwechselnd für alle Arbeiter kochen und warme Speisen zur Baustelle bringen, ich könne auch mitessen.

Nach einem Monat harter Arbeit erreichten wir eine Tiefe von ca. elf Metern. Zwei Tage später, am 04. Februar, klingelte bei mir am späten Abend das Telefon. Ich hob ab und hörte Alis Geschrei.

„Luba, Luba, wir haben Wasser! Luba! Hörst du mich? Wir haben Wasser! Verstehst du mich? Wir haben Wasser! Luba, Wasser und Wasser ist Leben!"

Im Hintergrund hörte ich lachende und schreiende Menschenstimmen: Wasser, Wasser, Hurra, Wasser! Leben!

Am frühen Morgen ging ich zu unserem ersten Brunnen, zu unserem Wasser, zu unserem neuen Leben. Die Arbeiter, der Bürgermeister und einige Dorfbewohner waren schon da und konnten vor Freude kaum erwarten, dass einer der Männer den Brunnen hinunterkletterte und einen 5 Liter Behälter voll mit Wasser holte.

„Warum hat das Wasser eine so trübe Farbe?", fragte ich.

„Es ist am Anfang immer so. Wir müssen noch mindestens einen Meter tiefer graben, erst dann kommt das richtige Wasser. Wir sind aber sehr glücklich, dass die Arbeit nicht umsonst war und wir an der richtigen Stelle gegraben haben. Wenn das klare Wasser kommt, werden wir es in ein Labor bringen, das es in jedem Krankenhaus gibt, um die Qualität des Wassers testen zu lassen. Wir sind aber sicher, dass wir hier gutes Trinkwasser haben werden", klärte mich Ali auf.

Als der Brunnen eine Tiefe von ca. zwölf Metern erreichte, spendete er gutes Wasser, was durch eine Untersuchung im Labor bestätigt wurde. Für das Dorf war das ein großes Ereignis und musste dementsprechend gebührend gefeiert werden.

Nach islamischer Tradition wird als Opfer für Allah eine Ziege geschlachtet und mit ihrem Blut wird der Kreis um den Brunnen herum geweiht. Dann wird aus dem Ziegenkopf eine Suppe gekocht und das restliche Fleisch gegrillt. Alle am Brunnenbau Beteiligten und die Dorfältesten feiern dann zusammen.

Zur Einweihung unseres Brunnens versammelte sich fast das ganze Dorf. Für mich wurde der ganze Ablauf dieser Feier zu einem sehr fremdartigen Erlebnis. Zum ersten Mal in meinem Leben war ich live bei einer „Hinrichtung" dabei. Die arme Ziege schrie so! Ich durfte zusehen, wie der Kopf der Ziege bei lebendigem Leibe langsam abgeschnitten wurde. Das auslaufende Blut wurde in einem Gefäß gesammelt und anschließend um den Brunnen herum verteilt.

Es kostete mich und meinen Magen viel Überwindung bei dieser Aktion zuzusehen und ich versuchte mit großer Mühe den fröhlichen und glücklichen Menschen diese Zeremonie nicht zu verderben. Danach teilte mir der Bürgermeister mit, dass das Essen in drei bis vier Stunden fertig sei und alle wären glücklich, wenn ich mitfeiern würde.

Als ich zurück in unserem Quartier war und meinem Mann vom Erlebten erzählte, begann mein Magen zu rebellieren. Mir wurde auf einmal schlecht, ich glaubte das Geschrei der Ziege zu hören, das Blut aus ihrem Hals fließen zu sehen und bei dem Gedanken die Suppe aus dem Ziegenkopf essen zu müssen, bekam ich Gänsehaut. Mir wurde richtig übel.

Vom Festessen entschuldigte ich mich wegen Bauchschmerzen. Meine SMS an meine Tochter in Deutschland lautete: „War in Biga zur Einweihung des Brunnens, nach muslimischer Tradition Ziege geschlachtet. Ich glaube, ich werde Vegetarierin".

Am nächsten Morgen klopfte es sehr früh an unserem Tor. Es war unser Architekt Ali.

„Wie geht es dir, Luba? Du warst gestern so blass im Gesicht und ich habe erst später verstanden, dass die ganze Zeremonie für dich, eine Europäerin, sehr exotisch war. Entschuldige bitte, dass ich nicht gleich daran gedacht hatte. Wir alle haben uns so sehr über das Wasser gefreut! Die Menschen im Dorf haben gestern bis in die Nacht gefeiert. Dein Name wurde sehr oft erwähnt. Du bist für uns wie eine Heilige. Wir haben Wasser! Danke, Luba. Bitte erhole dich gut. Ich werde mich um alles kümmern. Ruf mich bitte jederzeit an, wenn du etwas brauchst."

Er drückte mir die Hand und ging.

Drei Tage später ging ich von Neugier geplagt wieder auf unsere Baustelle. Unterwegs begrüßten mich die Menschen besonders freundlich. Alle wussten auf einmal, wie ich heiße, und von fast jedem hörte ich mal auf Suaheli, mal auf Englisch, mal auf Deutsch: „Danke fürs Wasser."

Als ich mich der Baustelle näherte, wurde ich von einem Arbeiter gesichtet, der den anderen etwas zuschrie. Aus jedem Winkel der Baustelle kamen sofort alle anderen herbei und es ertönte durch die ganze Gegend: „Willkommen Luba, unsere Mama Luba ist da! Gott segne dich, Luba!"

In diesem Moment fühlte ich mich wie der glücklichste Mensch auf der Welt. Wasser ist Leben!

Im Mai 2007 öffneten sich die Tore unseres neu erbauten Kindergartens und die Zahl der Kinder erhöhte sich von 25 auf 80. Da wir erst im September nach Kenia reisen konnten, wurde die offizielle Eröffnung der „Integramus-Academy Biga" auf unseren Besuch verlegt.

Als wir uns durch die verwilderte Gegend dem Kindergarten näherten, zeigte sich das ganze Gebäude mit dem hellblauen Dach wie eine Fata Morgana. Die handbetriebene Pumpe des Brunnens stand auf einem Podest, wie ein Denkmal. Ein Denkmal für Wasser. Ein Denkmal für Leben. Atemberaubend.

Nach der herzlichen Begrüßung durch unsere Mitarbeiter und die Dorfältesten besichtigten wir unsere „Academy" und unterhielten uns über den weiteren Kindergartenbetrieb. Während unseres etwa zweistündigen Aufenthaltes auf dem Gelände kamen viele Frauen, Männer und Kinder mit Gefäßen in verschiedenen Größen, die sie mit Wasser füllten und uns dabei lächelnd zuwinkten.

„So geht es den ganzen Tag", berichtete uns die Kindergärtnerin Helen. „Das Dorf Biga erstreckt sich über vier bis fünf Kilometer. Hier ist der einzige Brunnen in der Gegend. Wenn die Schüler der daneben liegenden Schule eine Pause haben, stürmen manchmal bis zu dreißig bis vierzig schreiende Kinder herbei, um zu trinken und ihre Flaschen zu füllen. Unsere Kinder sind ständig abgelenkt und einer von unserem Team muss immer aufpassen, dass nichts kaputt gemacht wird."

Der Bürgermeister kam zu unserem Gespräch hinzu und mit Hilfe eines Dolmetschers unterhielten wir uns über dieses Problem.

„Wir sind sehr glücklich endlich Wasser in unserem Dorf zu haben. Wir beten für dich jeden Tag, Mama Luba. Nun, die Frauen, die weiter weg wohnen, müssen trotzdem bis zu fünf Kilometer zu Fuß hierherkommen. Ich traue mich nicht zu fragen, ob es möglich wäre noch einen Brunnen zu bauen", sagte der ältere Herr mit gesenktem Blick.

Ich dachte zunächst über eine Lösung für den ständigen Menschenverkehr auf dem Grundstück des Kindergartens nach und unterbreitete dann folgenden Vorschlag.

„Wir sollten so etwas wie Öffnungszeiten für den Brunnen einführen, zum Beispiel morgens von 7 bis 8 Uhr, mittags von 12 bis 13 Uhr und nachmittags von 16 bis 17 Uhr. Damit die Schüler nicht auf das Grundstück stürmen, kaufen wir einige größere Behälter, die von älteren Schülern jeden Morgen gefüllt und vor der Schule aufgestellt werden können."

Der Bürgermeister stimmte sofort zu und versprach die neuen Regeln über das Buschtelefon zu verbreiten und bei der nächsten Dorfversammlung alle Bewohner darüber ausführlich zu informieren.

Nach Deutschland zurückgekehrt beschäftigte mich das Thema eines zweiten Brunnens in Biga. Das größte Problem für unseren kleinen Verein Integramus war die Finanzierung des Projektes. Wir bräuchten ca. 3.000 Euro für den Bau eines Brunnens. So viel Geld bei zwei bereits geplanten Veranstaltungen Ende September in Tübingen und im Oktober in Reutlingen zu sammeln, schien mir unrealistisch. So begann ich mich über staatliche und private Fördermittel zu informieren und musste feststellen, dass die Arbeit bei der Antragstellung einen Fulltime-Job bedeuten würde.

Dann wurden wir am 02. Oktober 2007 aus der Bahn geworfen und unser Leben bekam eine erschütternde Wendung. Mein Mann erlitt einen schweren Schlaganfall, wurde halbseitig gelähmt und alle Pläne Kenia betreffend mussten leider in den Hintergrund rücken.

Errichtung des Kindergartenbrunnens in Bildern

Ziegen, Hühner und Bananen

Erst im Jahr 2012, nachdem wir schon Erfahrung hatten mit dem Rollstuhl nach Afrika zu reisen, war es möglich die Pläne für die Verbesserung der Wasserversorgung im Dorf Biga und in der Umgebung in die Tat umzusetzen.

Die Vorbereitungen für den Brunnenbau verliefen wie vor fünf Jahren beim Brunnen des Kindergartens. Auf der Dorfversammlung wurde der Platz für den Bau des Brunnens bestimmt, der Rutengänger bestellt, die richtige Stelle gefunden, der menschliche „Brunnenbohrer" engagiert. Hier war der Boden ebenso steinig und so mussten wir uns auf einige Wochen harte Arbeit einstellen.

Leider konnte ich die Fertigstellung unseres zweiten Brunnens nicht vor Ort verfolgen, weil wir abreisen mussten.

Nach einigen Wochen erhielt ich in Deutschland von Bakari, der für den Brunnenbau verantwortlich war eine SMS. „Wir haben Wasser! Gott segne dich, Mama! Danke!"

Anderthalb Jahre danach war es für mich möglich geworden das Dorf wieder zu besuchen. Als ich die Hühner, Ziegen, das Maisfeld, die Ananaspflanzen und Tomatenstöcke sah, wurden meine Augen feucht. Vor Freude musste ich weinen.

Einige ältere Frauen und Scharen von Kindern kamen freudestrahlend zu mir, umarmten mich, redeten durcheinander und zeigten auf die herumlaufenden Küken. Bakari übersetzte mir dieses Drunter und Drüber. „Herzlich willkommen, Mama Luba! Wir freuen uns sehr dich wiederzusehen. Hier hat sich viel verändert, seit du das letzte Mal hier warst. Seit wir Wasser haben, geht es uns und unseren Familien viel besser. Wir können vieles selbst pflanzen. Wir hungern nicht mehr und können sogar einiges verkaufen. Auch zum Arzt gehen wir nur noch selten. *Unsere großen Kinder wollen nicht mehr weg von hier nach Europa.*

Wir sind sehr glücklich, dass Gott dich zu uns geschickt hat. Danke, unsere Mama Luba! Gott segne dich."

Bakari führte mich hinter das Haus und zeigte mir die von ihm selbst errichtete Dusche und Toilette. Ich musste schmunzeln. Die mit Palmenblättern abgetrennten Plätze mit dürftigen Armaturen und die ausgegrabenen Löcher im Boden waren sein ganzer Stolz. Irgendwie auch mein Stolz. Unsere jahrelange mühsame Überzeugungs- und Aufklärungsarbeit hatte sich gelohnt.

„Das ist nur eine vorübergehende Lösung. Meine Familie spart jeden Schilling, wir wollen eine zivilisierte Toilette und eine Dusche für die ganze Familie, so eine wie du sie in deinem Haus hast", redete Bakari weiter. „Jetzt ist es möglich. Ich habe da eine Idee: das Wasser aus der Dusche soll durch ein Loch im Boden auf die andere Seite des Hauses fließen, wo ich Bananenstauden anpflanzen werde. So können wir das Wasser doppelt nutzen."

Bakari und seine Ideen. Der Mann hat sich unglaublich schnell zu einem guten Leiter und Manager aller unserer Projekte entwickelt. Einst ein schüchterner Mitarbeiter, der für jede (auch nicht wichtige) Entscheidung zu mir kam und nach Rat fragte, bei jeder Eltern- oder Dorfversammlung unsicher, fast stotternd auftrat, entfaltete sich zu einem tüchtigen und selbstbewussten Geschäftsmann, auf den ich sehr stolz bin.

Bis zum Jahr 2020 konnten durch unseren Verein insgesamt 7 Brunnen in Kenia sowie ein 80 Meter tiefer Brunnen im westafrikanischen Land Togo errichtet werden. Damit ermöglichen wir Tausenden Menschen den Zugang zu sauberem Wasser. Für die nächsten Jahre plant unser Verein den Bau von weiteren Brunnen in Afrika.

Helfen Sie mit?

„Ich habe einen Traum."

Das verkündete Martin Luther King 1963 in seiner legendären Rede gegen Rassendiskriminierung: „dass eines Tages [...] die Söhne früherer Sklaven und die Söhne früherer Sklavenhalter miteinander am Tisch der Brüderlichkeit sitzen werden. [...] Und alle Kinder Gottes – ob schwarz, weiß, Juden, Nichtjuden, Protestanten und Katholiken – sich die Hände reichen und singen werden ‚Endlich frei!' [...] Ich habe einen Traum, [...] dass meine vier kleinen Kinder eines Tages in einer Nation leben werden, in der man sie nicht nach ihrer Hautfarbe, sondern allein nach ihrem Charakter beurteilen wird."

Selbst über 50 Jahre nach dieser Rede und nach dem heimtückischen Attentat auf Martin Luther King sind seine Worte: [...] dass die Schwarzen „auf einer einsamen Insel der Armut in der Mitte eines weiten, weiten Ozeans des materiellen Wohlstandes leben", leider noch immer zutreffend.

Auch ich habe einen Traum. Den gleichen Traum wie Martin Luther King. Nur ich erlaube mir, das Wort „Nation" durch „Welt" zu ersetzen und für meinen Traum am Ende noch hinzuzufügen, dass

jeder Mensch Zugang zu sauberem Wasser hat und dass kein Kind, kein Mensch auf unserem Planeten mehr hungern muss.

Zu meinem Traum gehören die Umsetzung und Einhaltung aller im Internationalen Menschenrechtskodex festgehaltenen Menschenrechte.

Ich bin oft vor Ort. Dort, wo es kein Wasser gibt. Dort, wo die Kinder verhungern oder an Krankheiten sterben, welche man mit wenig Geld behandeln könnte. Bei jedem Aufenthalt sehe ich diese Frauen, die ein Kind auf dem Rücken und 20 Liter Behälter auf dem Kopf tragen. Diese jungen Mädchen, die barfuß durch die Wildnis unterwegs zur Wasserquelle sind. Diese Kinder, die über eine Schüssel Reis herfallen, als ob es ihre letzte Mahlzeit wäre. Diese jungen Frauen und Männer, die um zu überleben in die Prostitution oder Kriminalität getrieben werden. Es gibt für diese jungen Menschen kaum Möglichkeiten einen Beruf zu erlernen, geschweige denn eine Arbeitsstelle zu finden.

Mein Traum ist es in der nächsten Zukunft – zuerst in unserem Dorf Biga, dann in anderen Orten – eine Art Werkstatt zu errichten, in der rüstige deutsche

Rentner/innen, weltoffene Studierende oder auch Urlauber jungen Kenianern ihre Erfahrungen und ihr praktisches Wissen vermitteln können. Anfangen könnte man beispielsweise damit, wie man Marmelade oder Nudeln herstellt, wie man Fische räuchert, wie man aus Milch Käse macht, wie man Früchte trocknet, wie man eine einfache Toilette baut und vieles mehr.

Während eines solchen Austauschs in der Werkstatt könnte man das Praktische mit dem Theoretischen verbinden und auch über Themen wie Hygiene, Lebensverhältnisse in Afrika und in Europa, sowie über dramatische Flüchtlingsschicksale aufklären und viele andere wichtige Botschaften vermitteln. Vor allem durch die Digitalisierung und der damit verbundenen Möglichkeit im Internet an globale Daten und Informationen zu kommen, kursiert besonders unter jungen Menschen die Illusion, wenn man nach Europa komme, erwarte dort jeden das Paradies. Deshalb ist es sehr wichtig diese jungen Menschen mit der Realität zu konfrontieren.

Die jungen Menschen brauchen vor allem eine Perspektive, die ihnen Europa in der Regel nicht bieten kann. Es wäre viel sinnvoller diese junge Generation in ihren Heimatländern zu halten. Das Geld für eine Flucht, welches meistens von der ganzen Familie zusammengelegt wurde, wäre viel besser in eine selbstständige Existenz investiert als in ein Ticket in den Tod oder eine mehr als ungewisse Zukunft.

Trotz aller in diesem Buch beschriebenen traurigen Geschichten und Probleme erlebe ich in Afrika *die Freude*, die man in Europa kaum mehr kennt. Jedes Mal, wenn ich sehe, wie die Frauen jubelnd und singend alle vorhandenen Gefäße mit Wasser aus einem neu errichteten Brunnen füllen und die Kinder bei der allerersten Dusche ihres Lebens lachen, wie die Kinderaugen strahlen, nachdem sie ihre Bäuchlein mit Reis oder Brot vollgestopft haben, wünschte ich jedem Menschen in Deutschland, der im Wohlstand aufgewachsen ist und nie hungern musste, dass er einmal im Leben diese Ereignisse in Afrika miterlebt, damit er die Vorteile seiner Heimat mehr schätzt und überlegt, ob er nicht doch ein kleines Stückchen davon mit den Ärmsten teilt.

Die vorwiegenden Fluchtursachen aus Afrika liegen in der bitteren Not und Ausweglosigkeit. Wir Europäer dürfen die Augen davor nicht verschließen! Die Probleme in Afrika betreffen uns alle!

Ich hoffe sehr, dass Sie, liebe Leserinnen und Leser, nach diesen Geschichten den Wunsch haben werden an der Verwirklichung meines Traums mitzuwirken. Zusammen können wir viel mehr bewegen. Für die Umsetzung des Menschenrechts auf Wasser! Für die Zukunft der Kinder und Jugendlichen in Kenia! Gemeinsam gegen den Hunger!

Machen Sie mit?

Reden ist Silber, Handeln ist Gold

www.integramus.de

Spendenkonto des Integramus e. V.:

IBAN: DE95 6405 0000 0100 0033 54

SWIFT-BIC: SOLADES1REU

Class: Babyclass
Date 29-1-2015
Day Thursday
Week Four
boys: 13
Girls 13
Month January
Total 26
2015
COUNTING NUMBERS
0 1 2 3 4